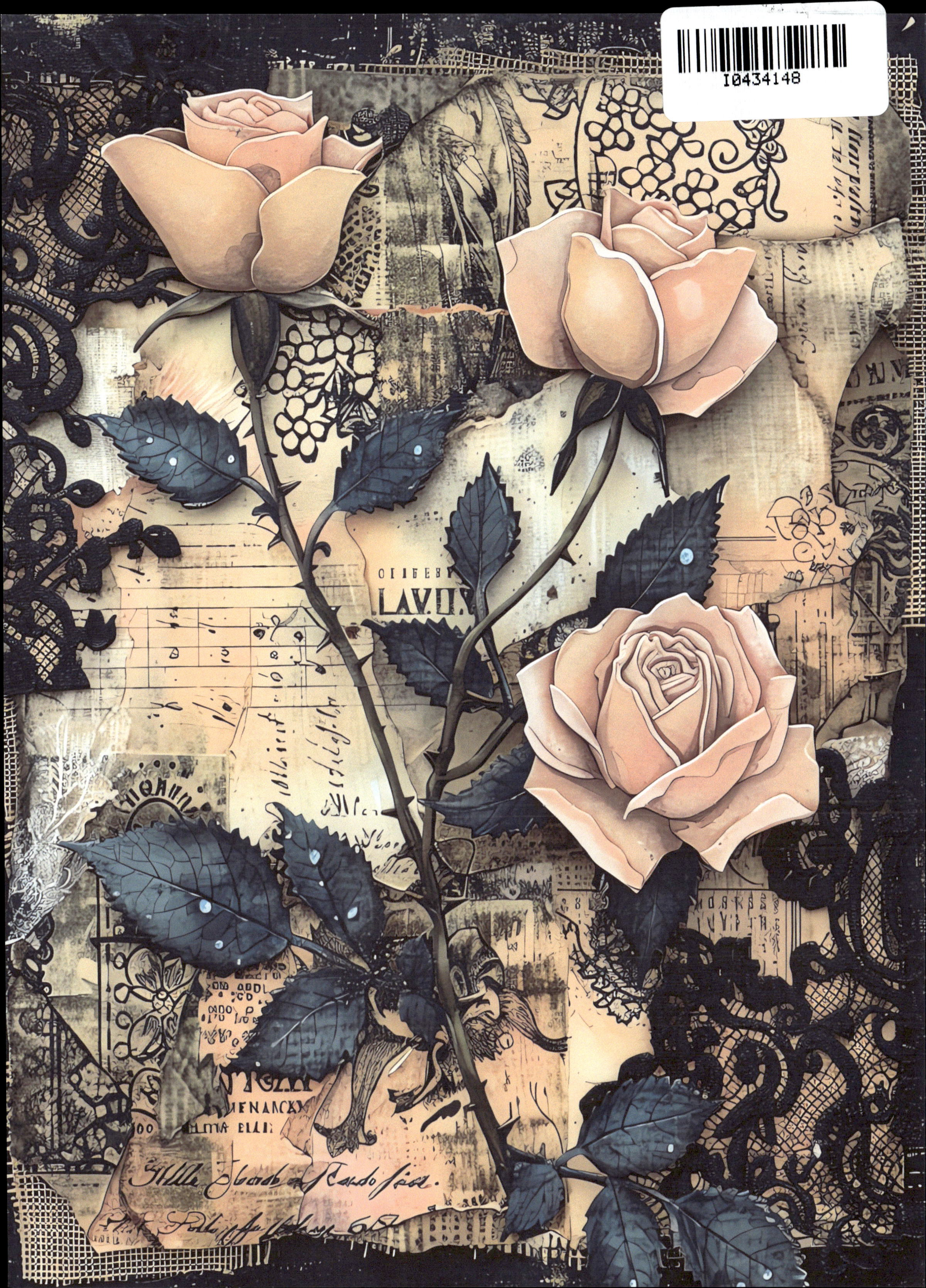

I0434148

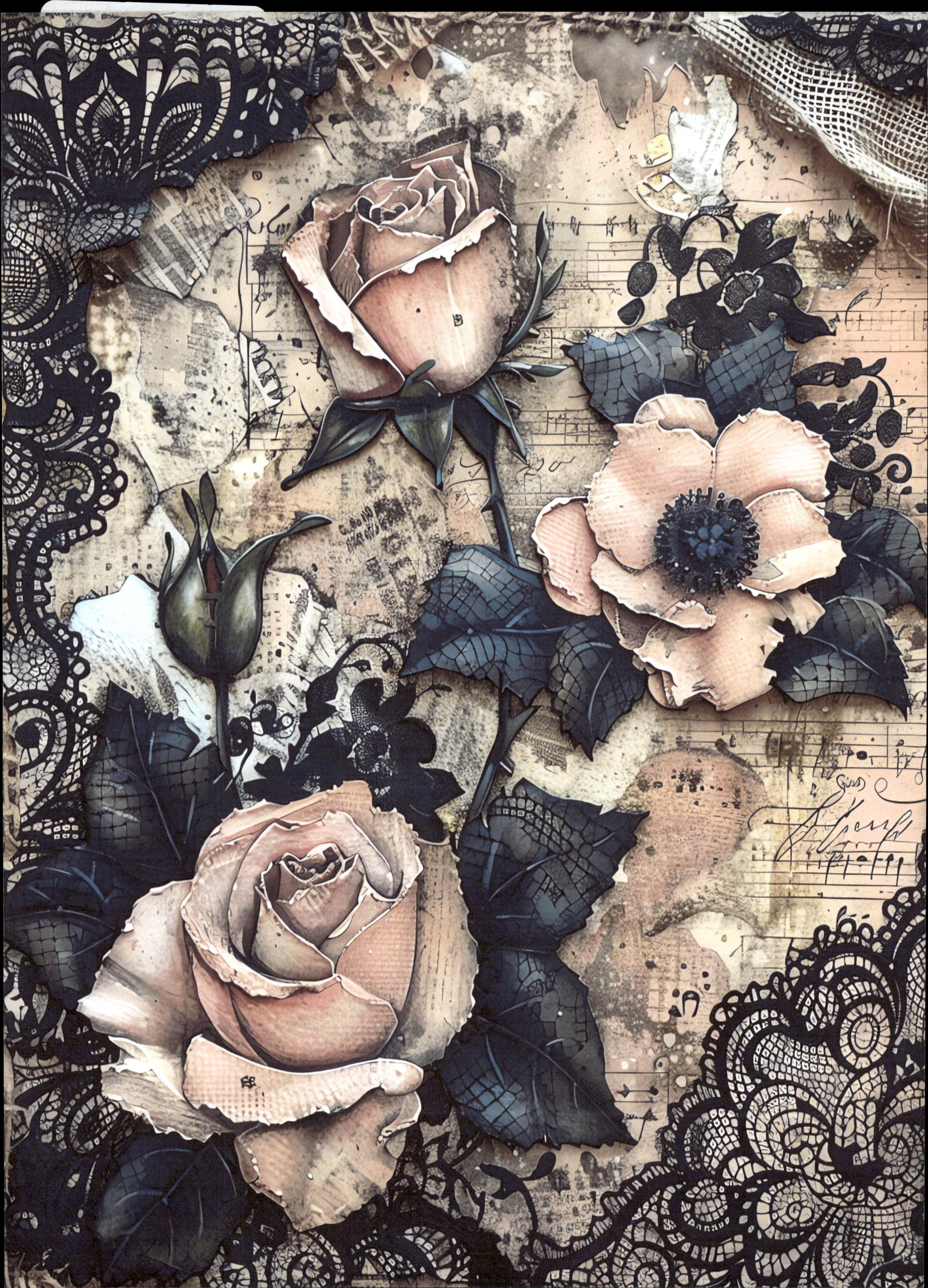

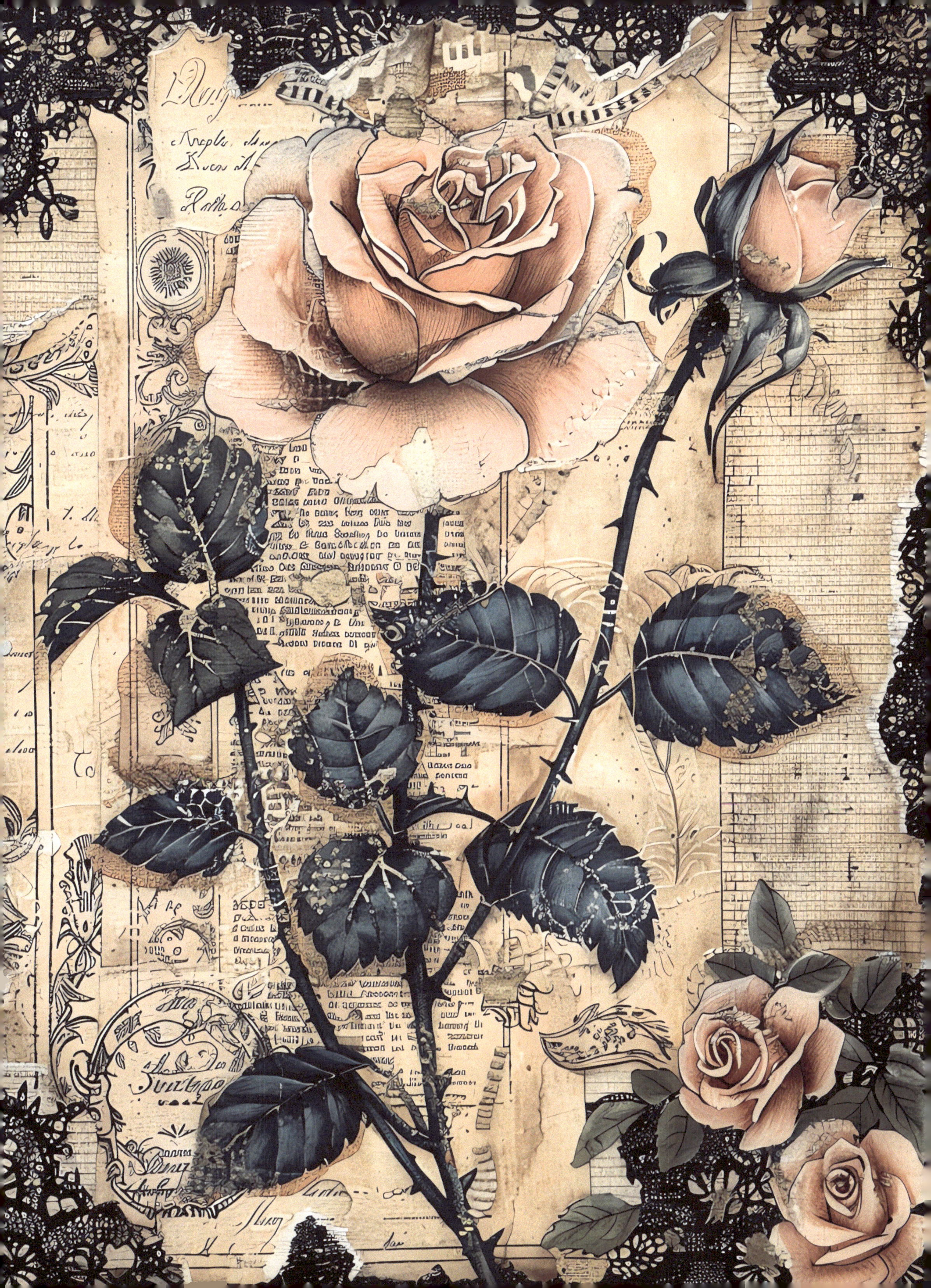

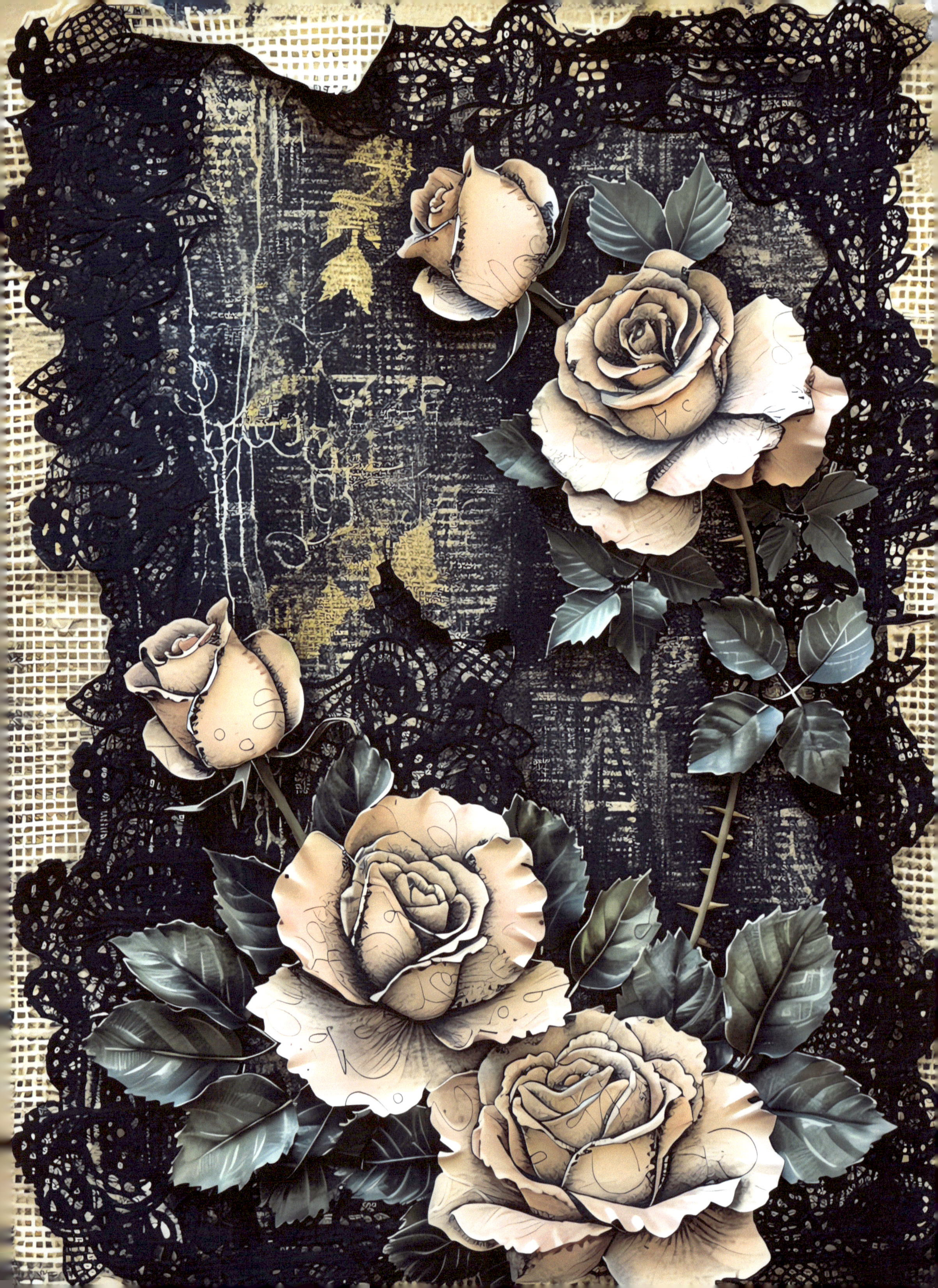

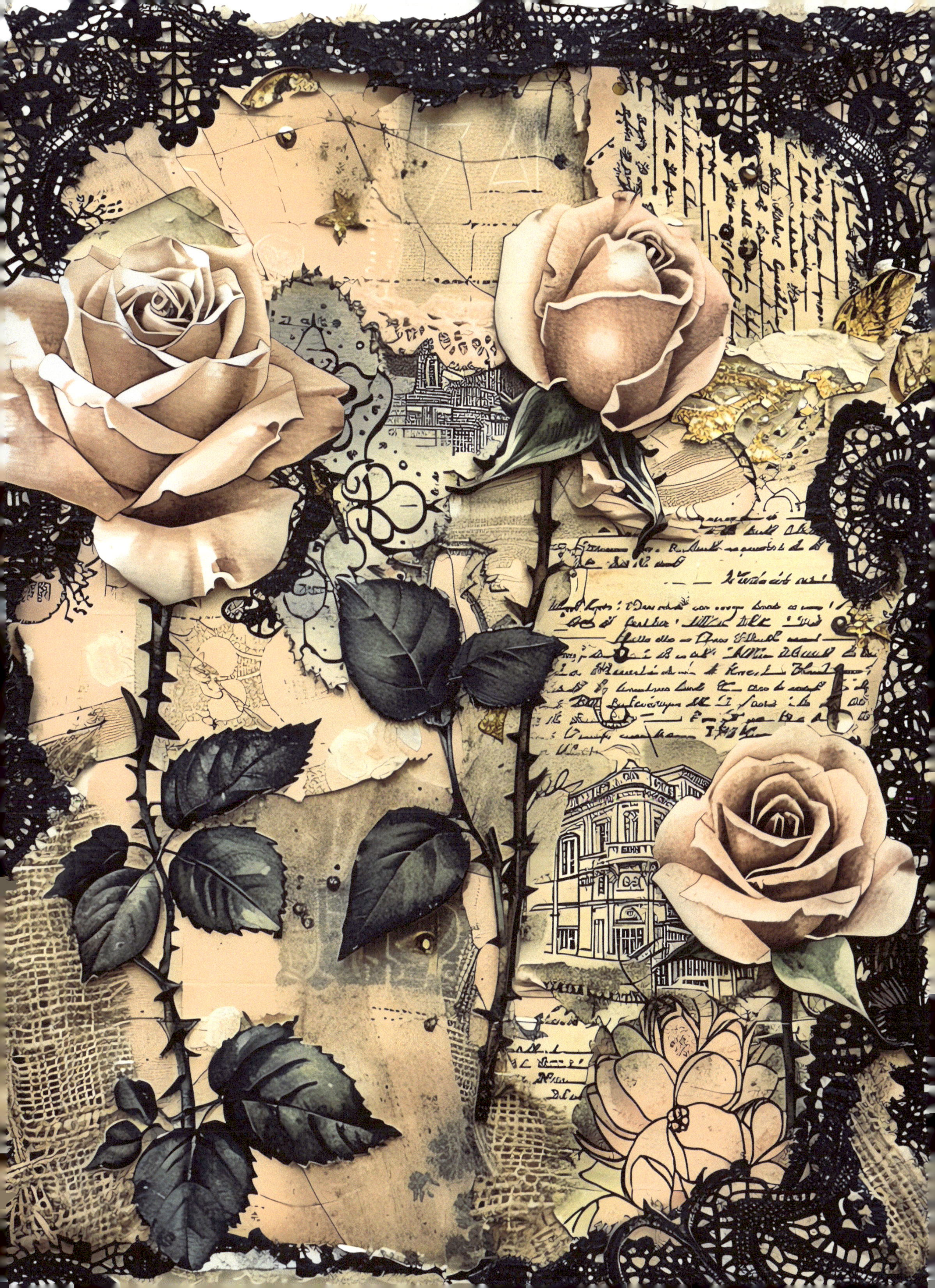

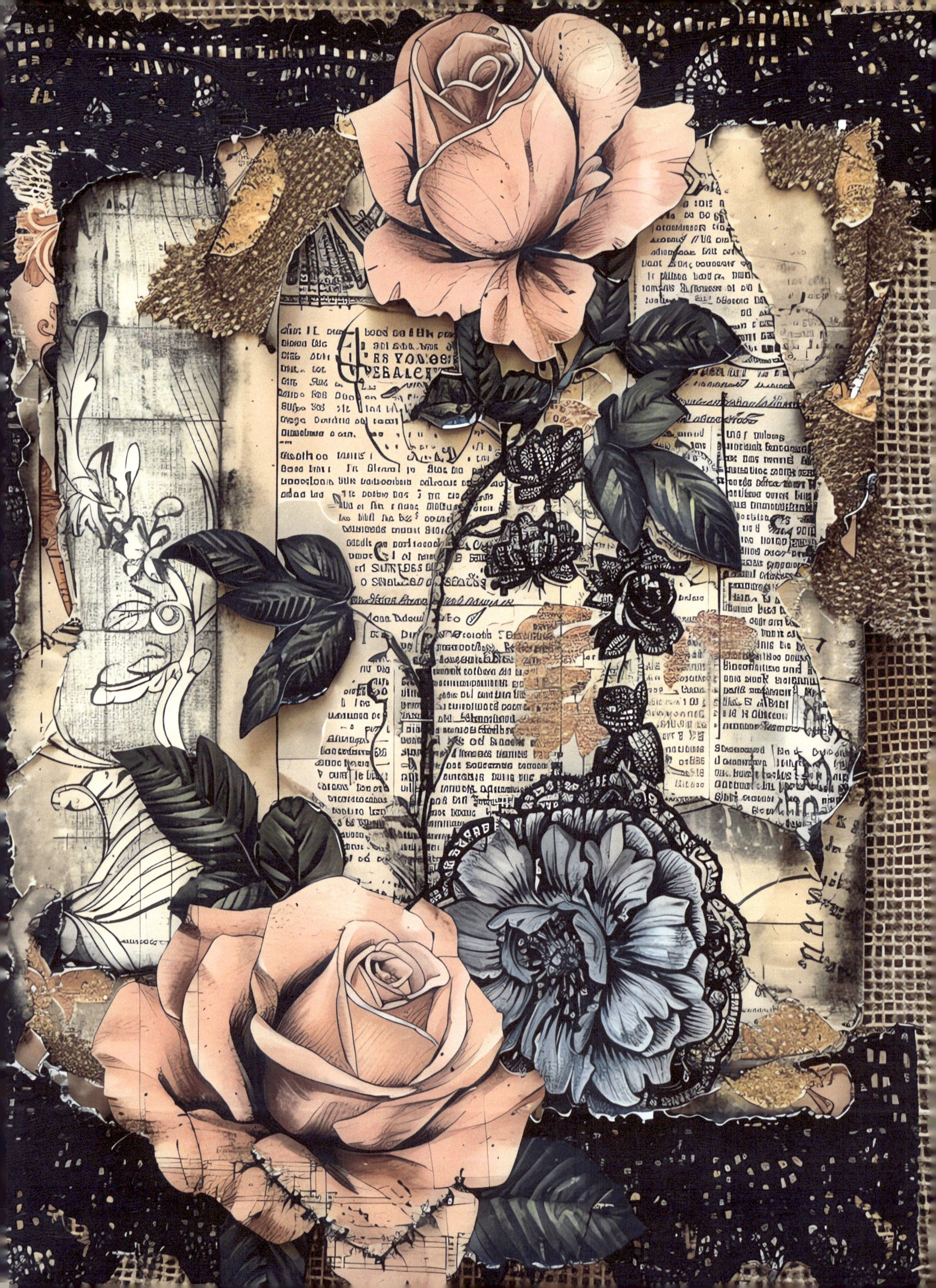

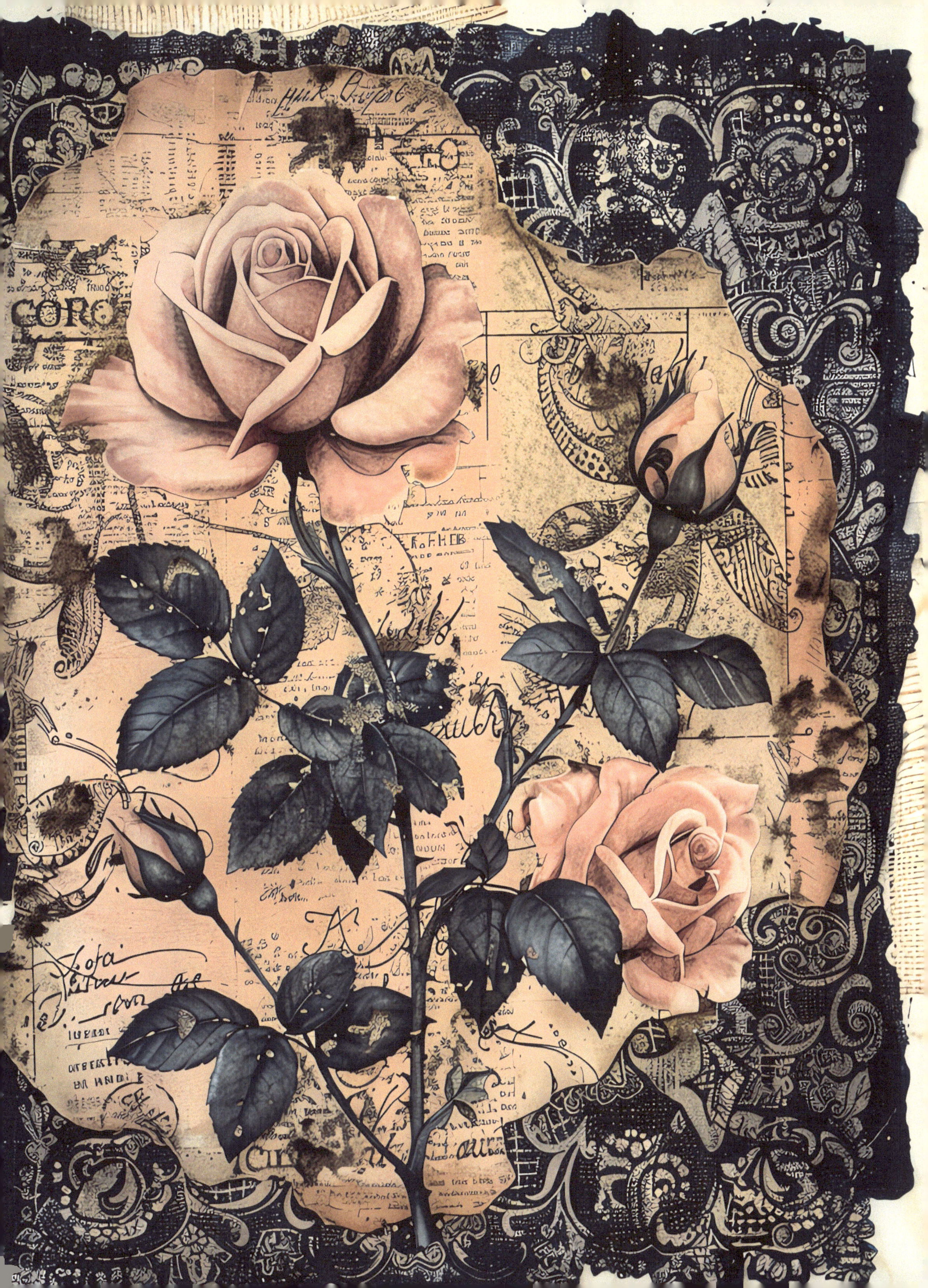

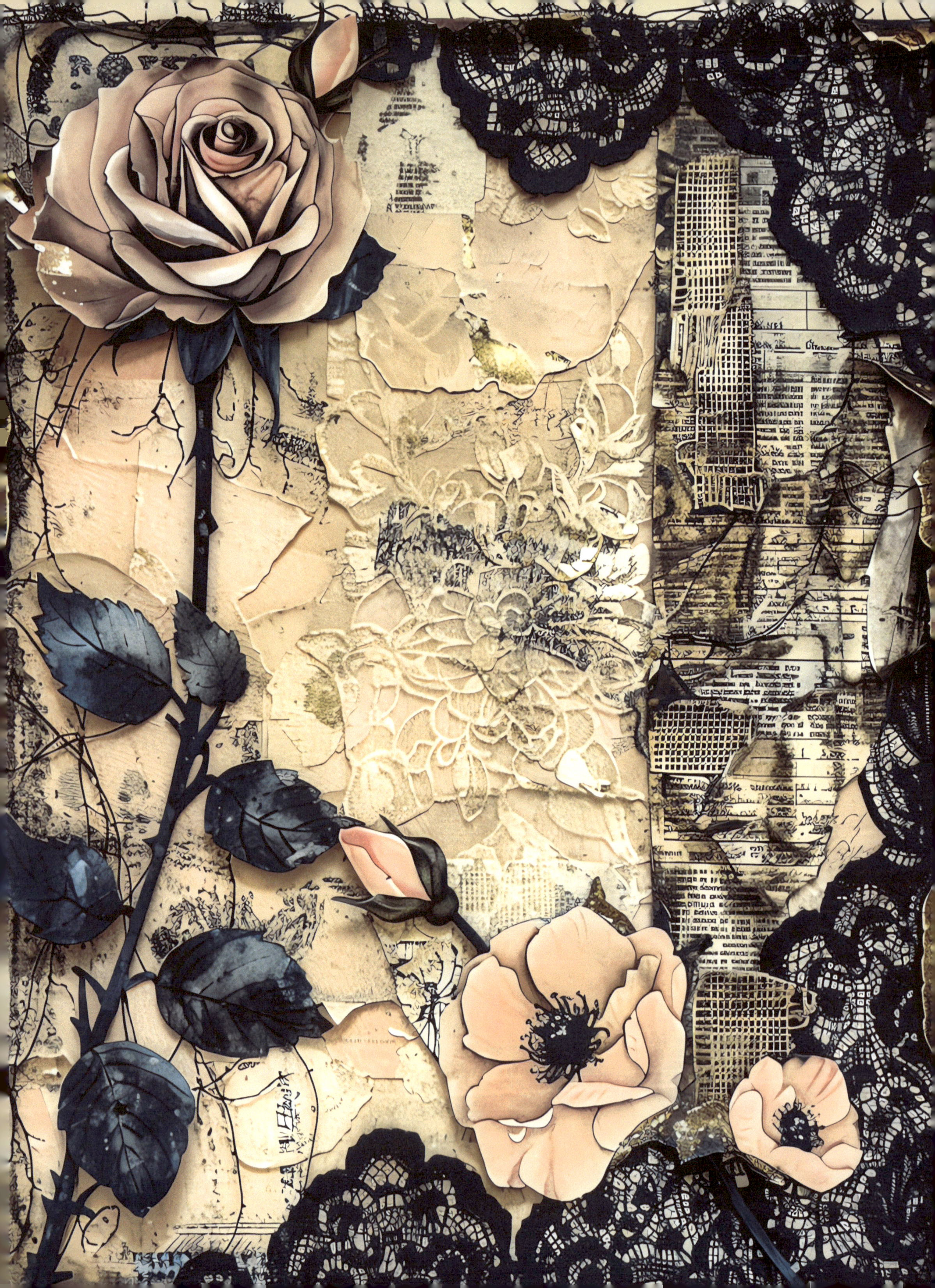

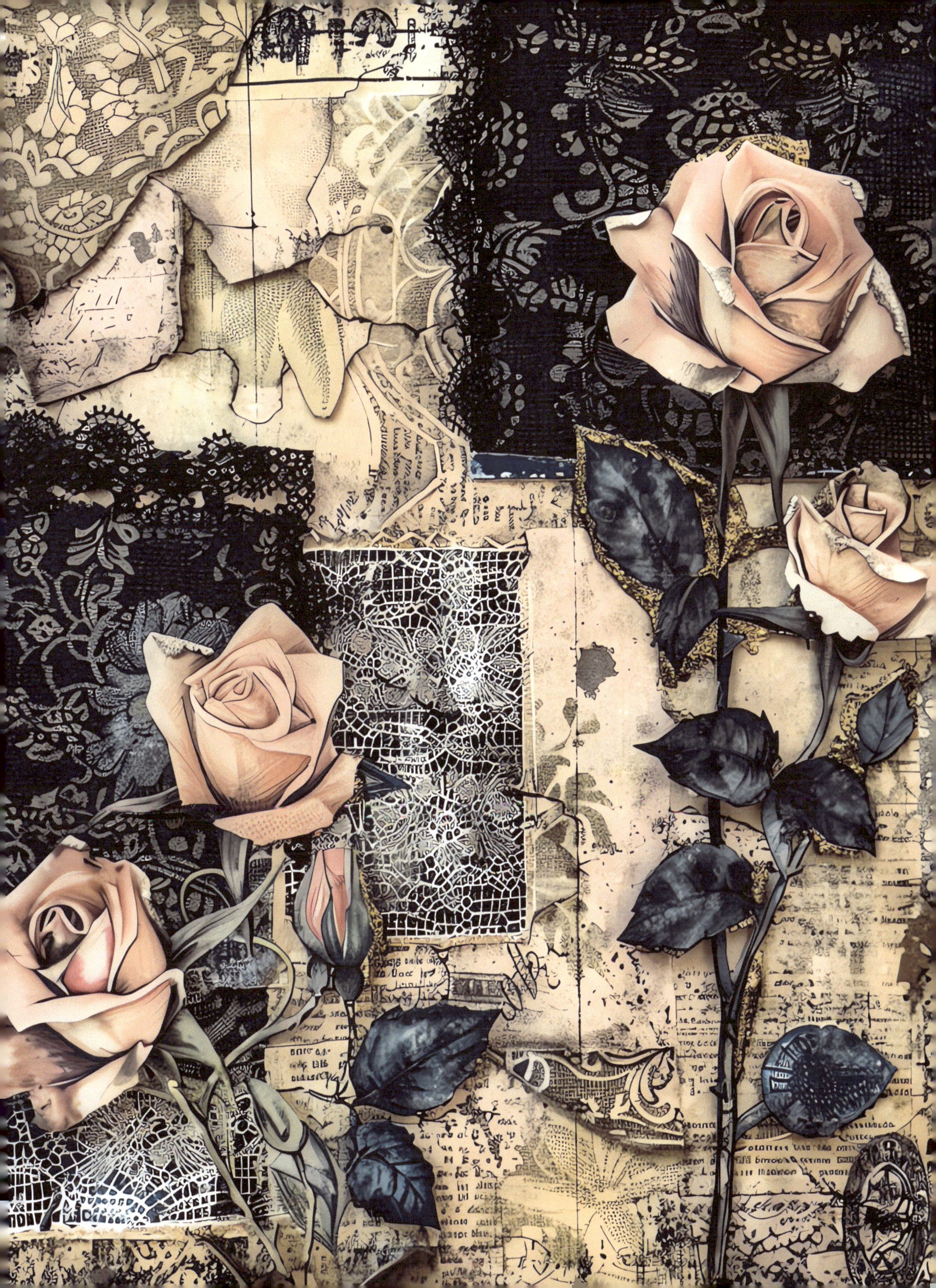

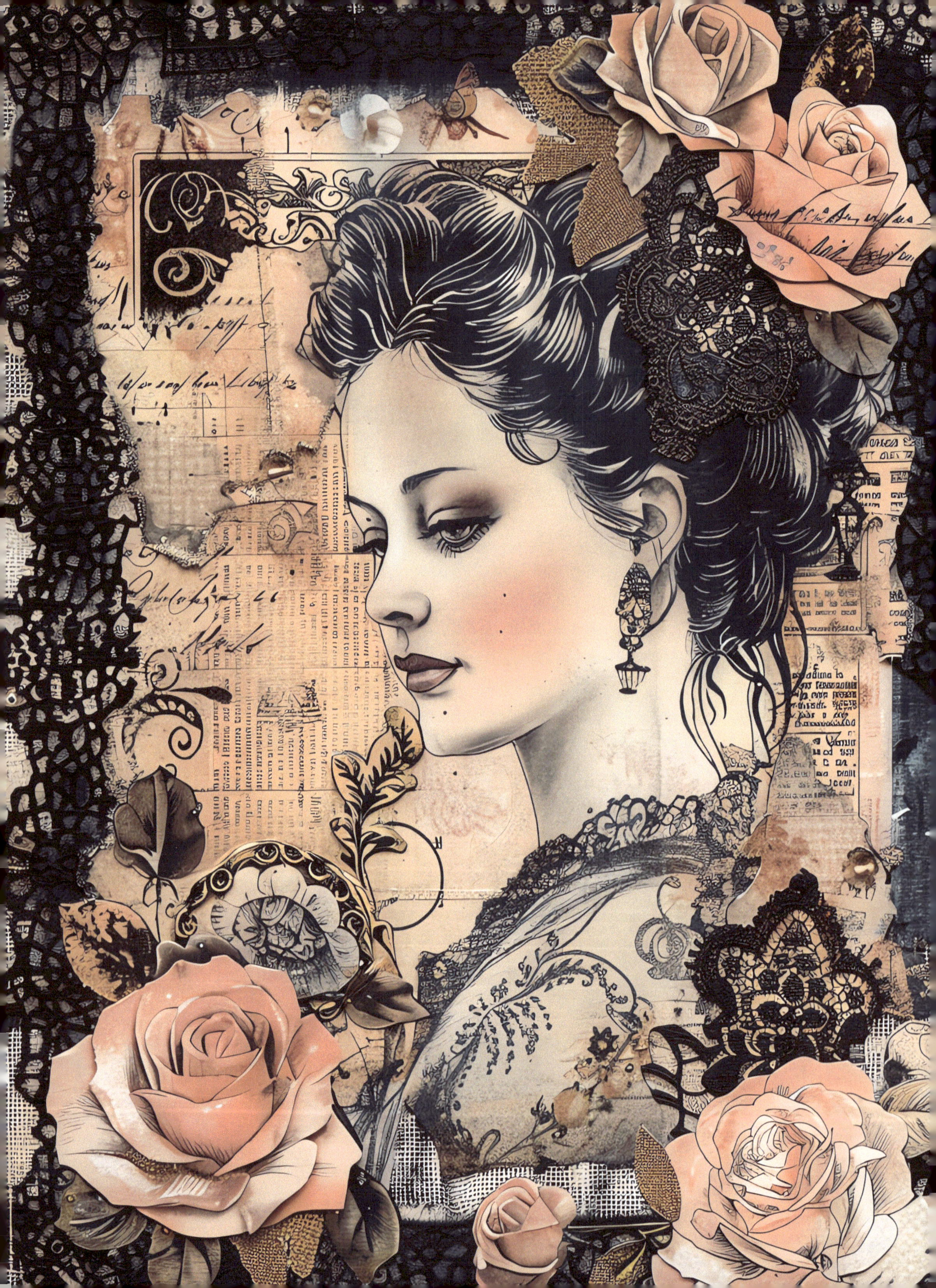

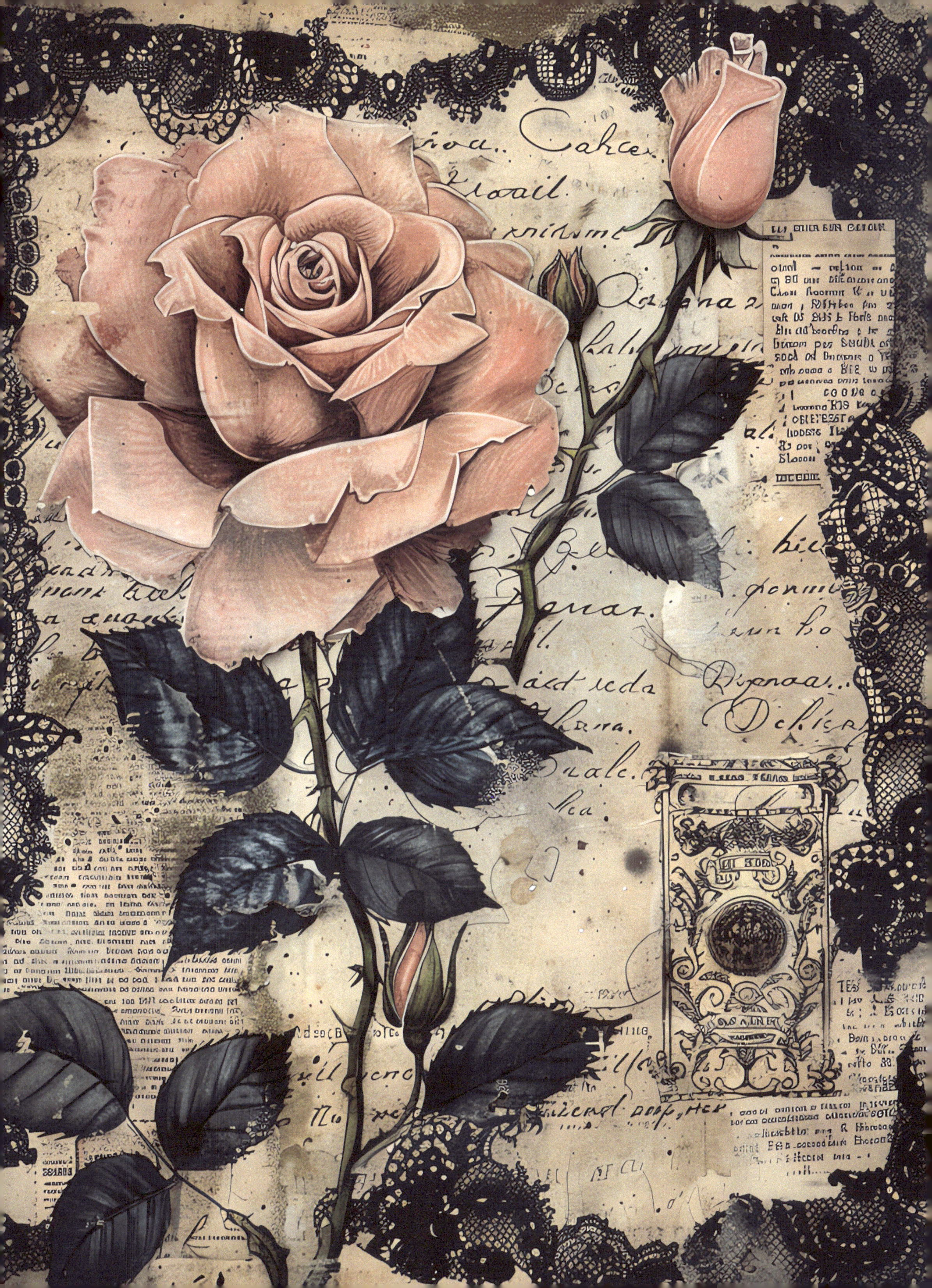

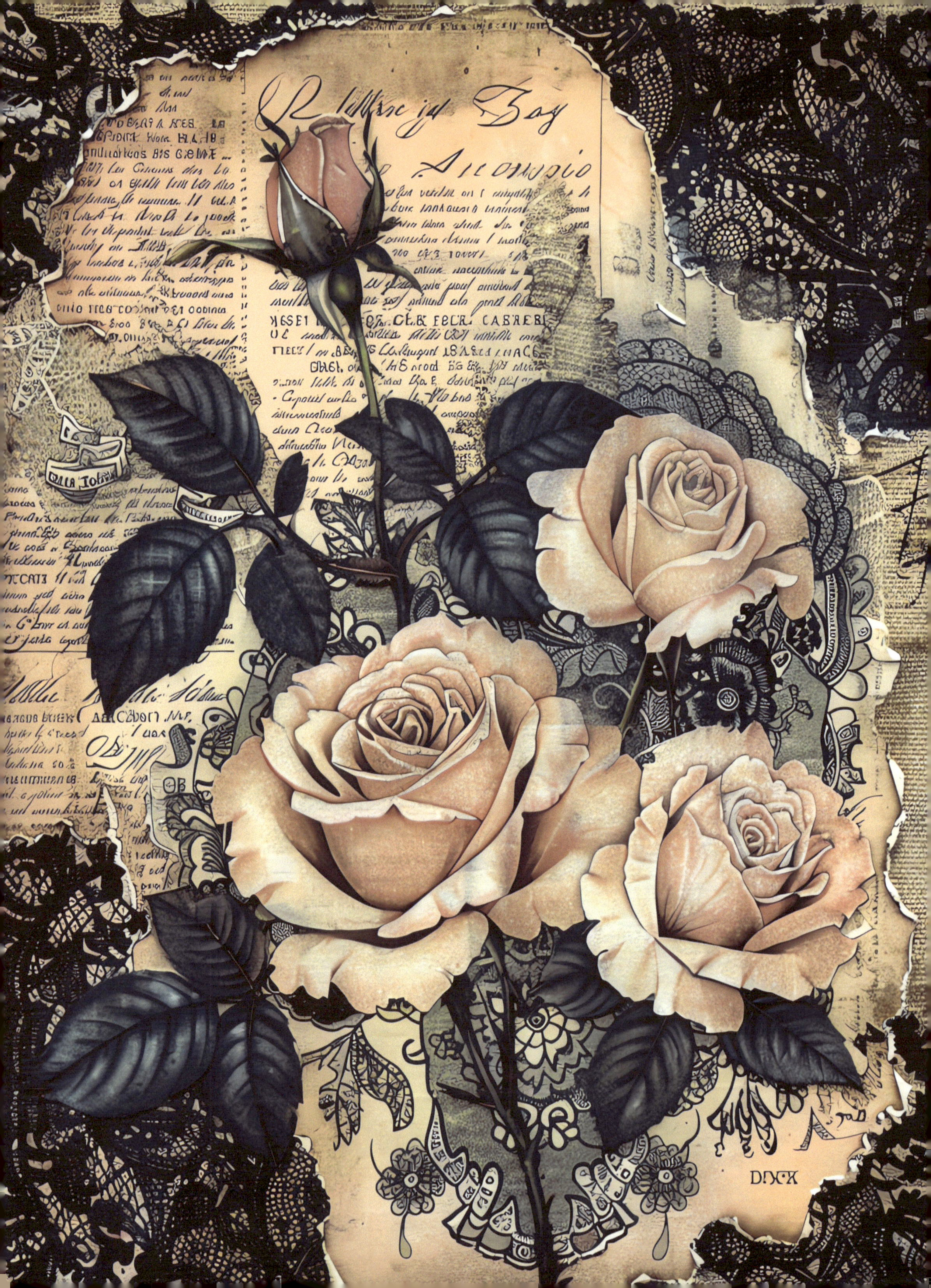

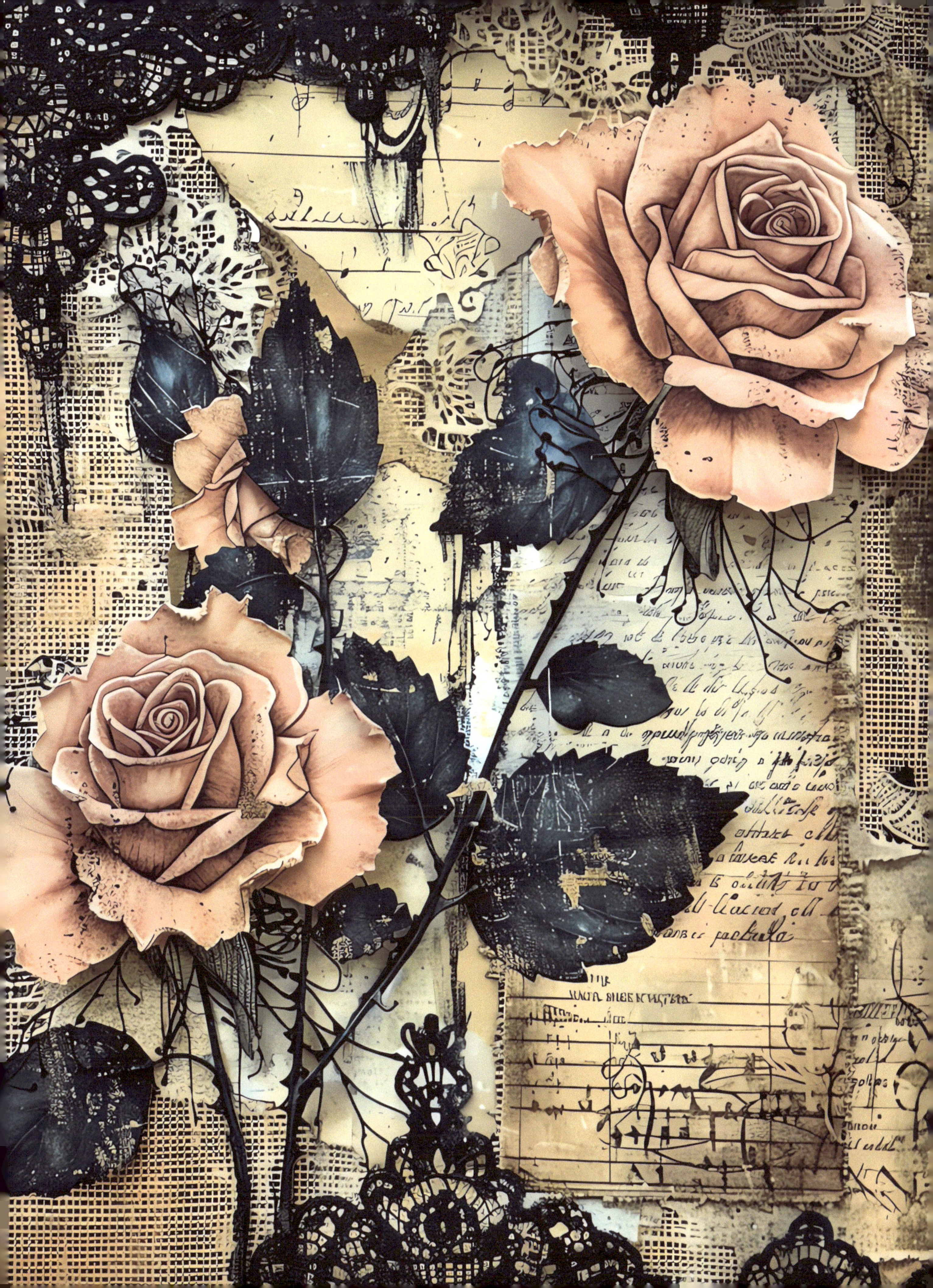

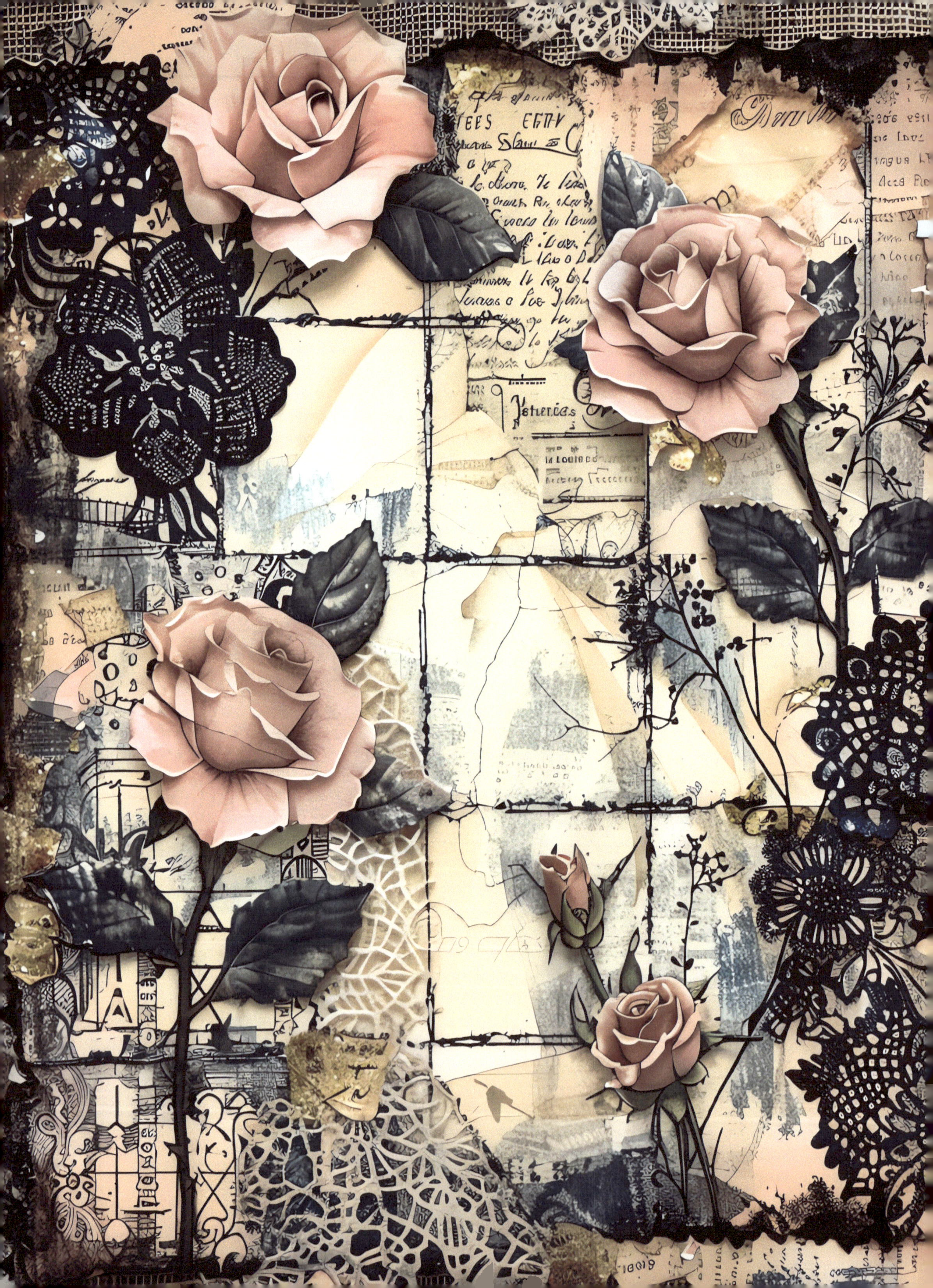

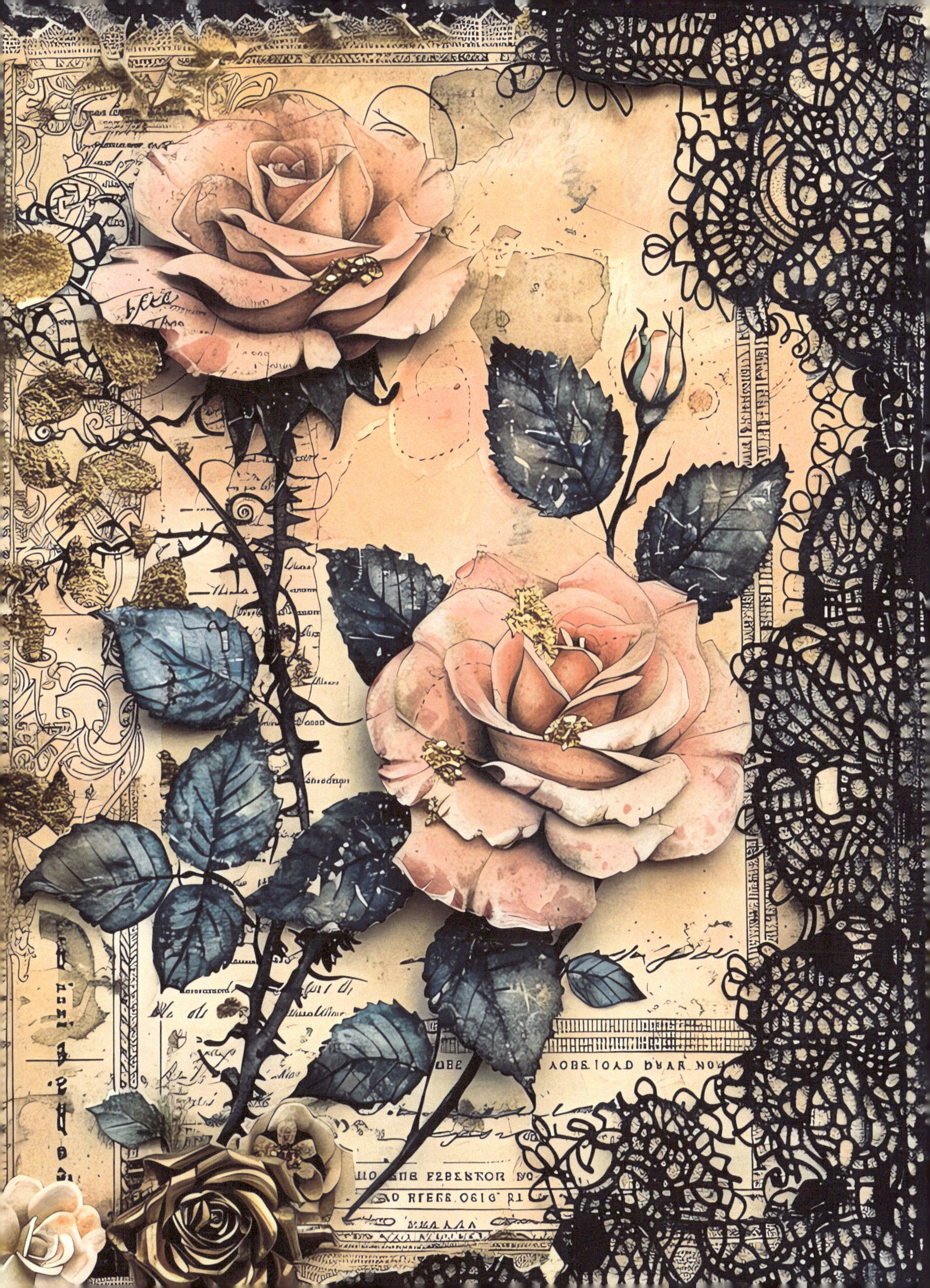

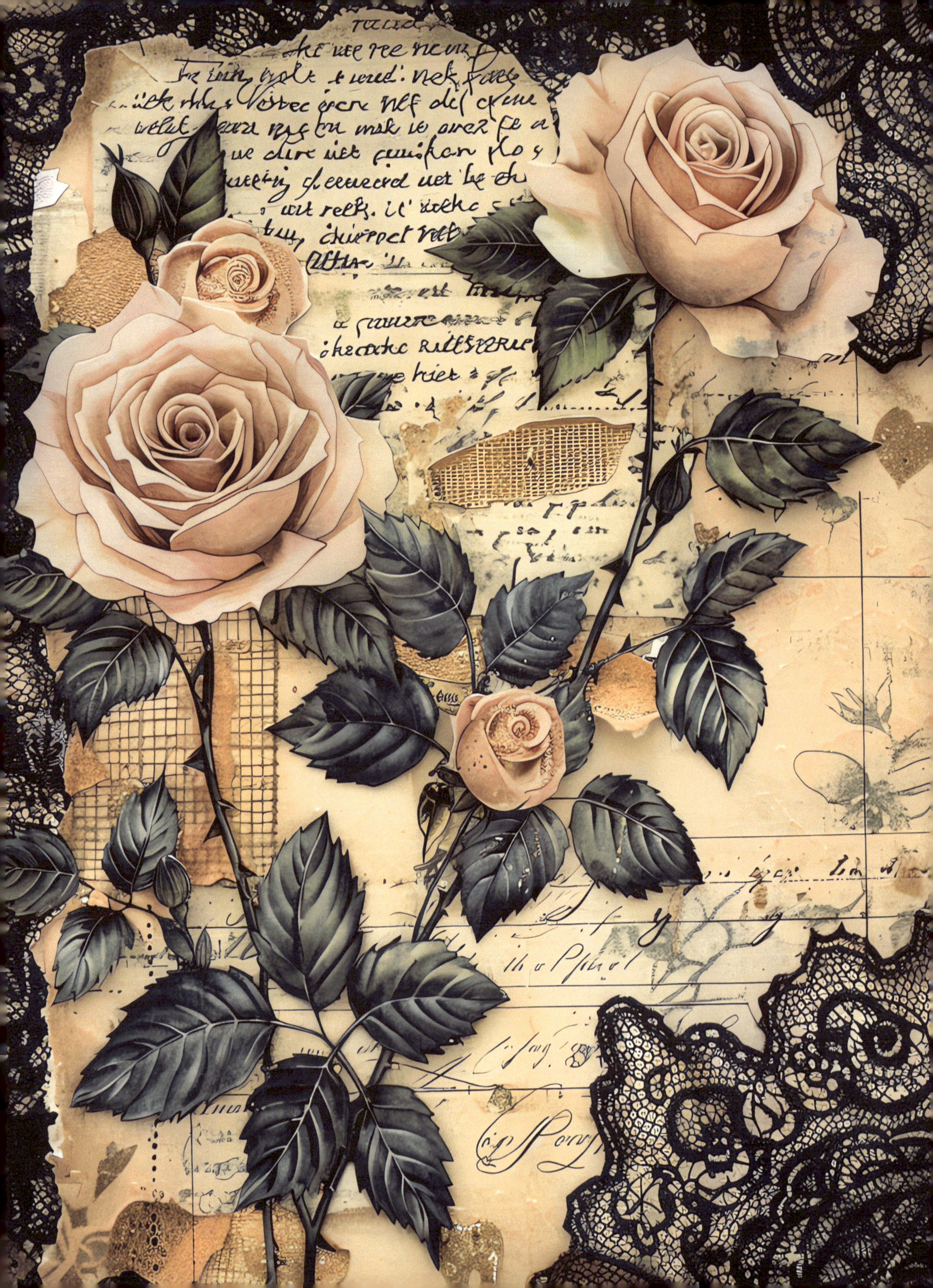

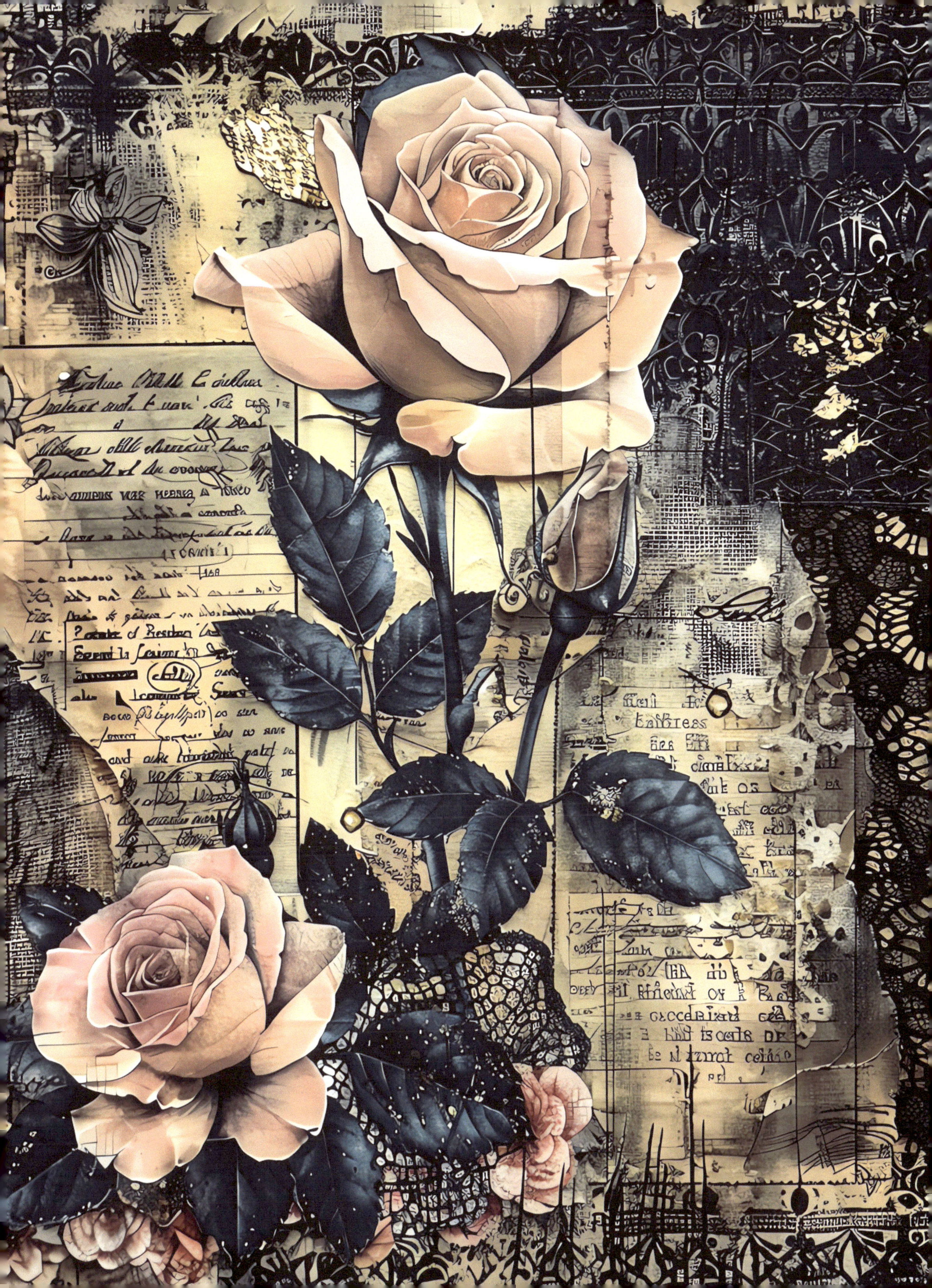

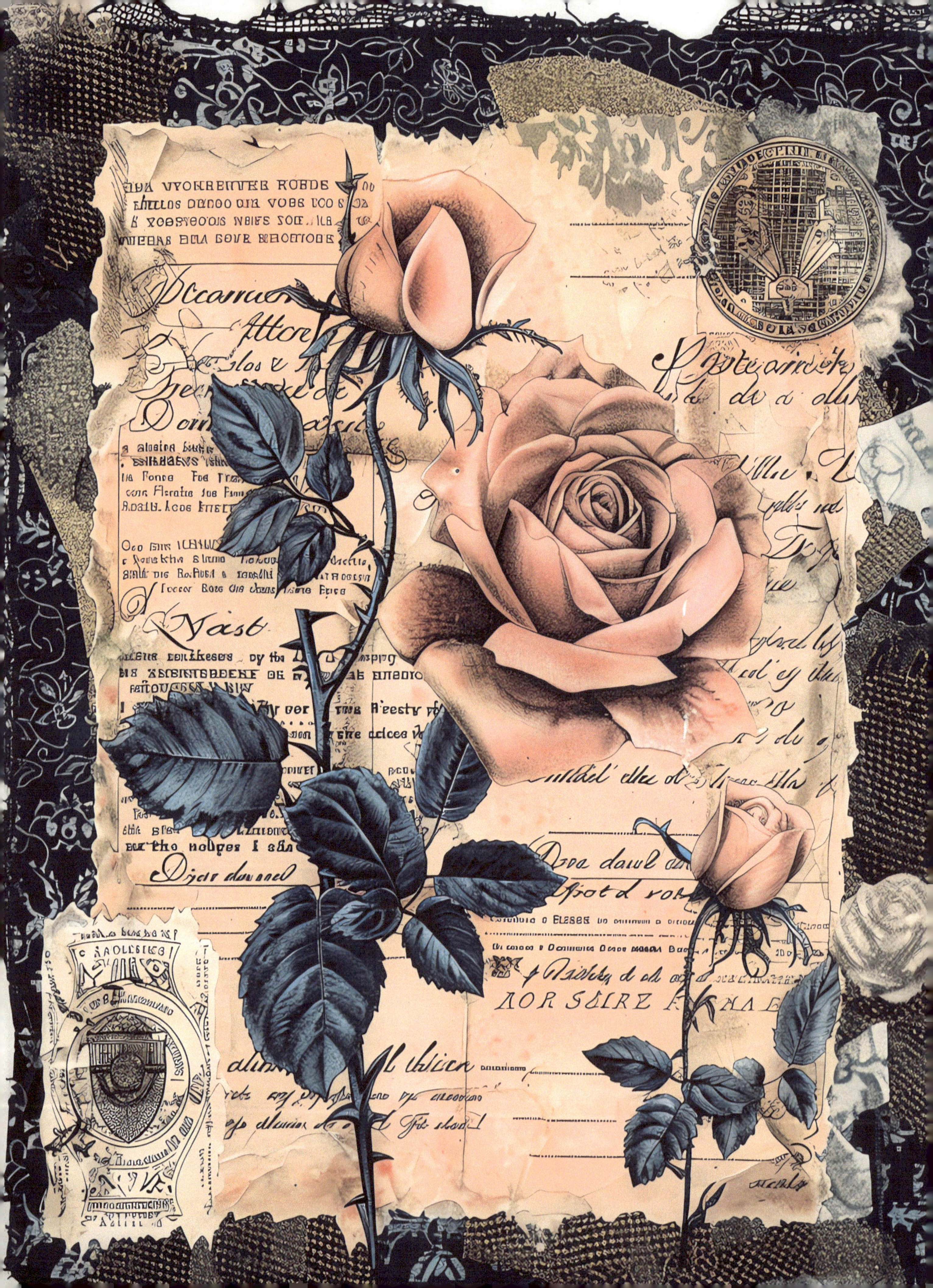

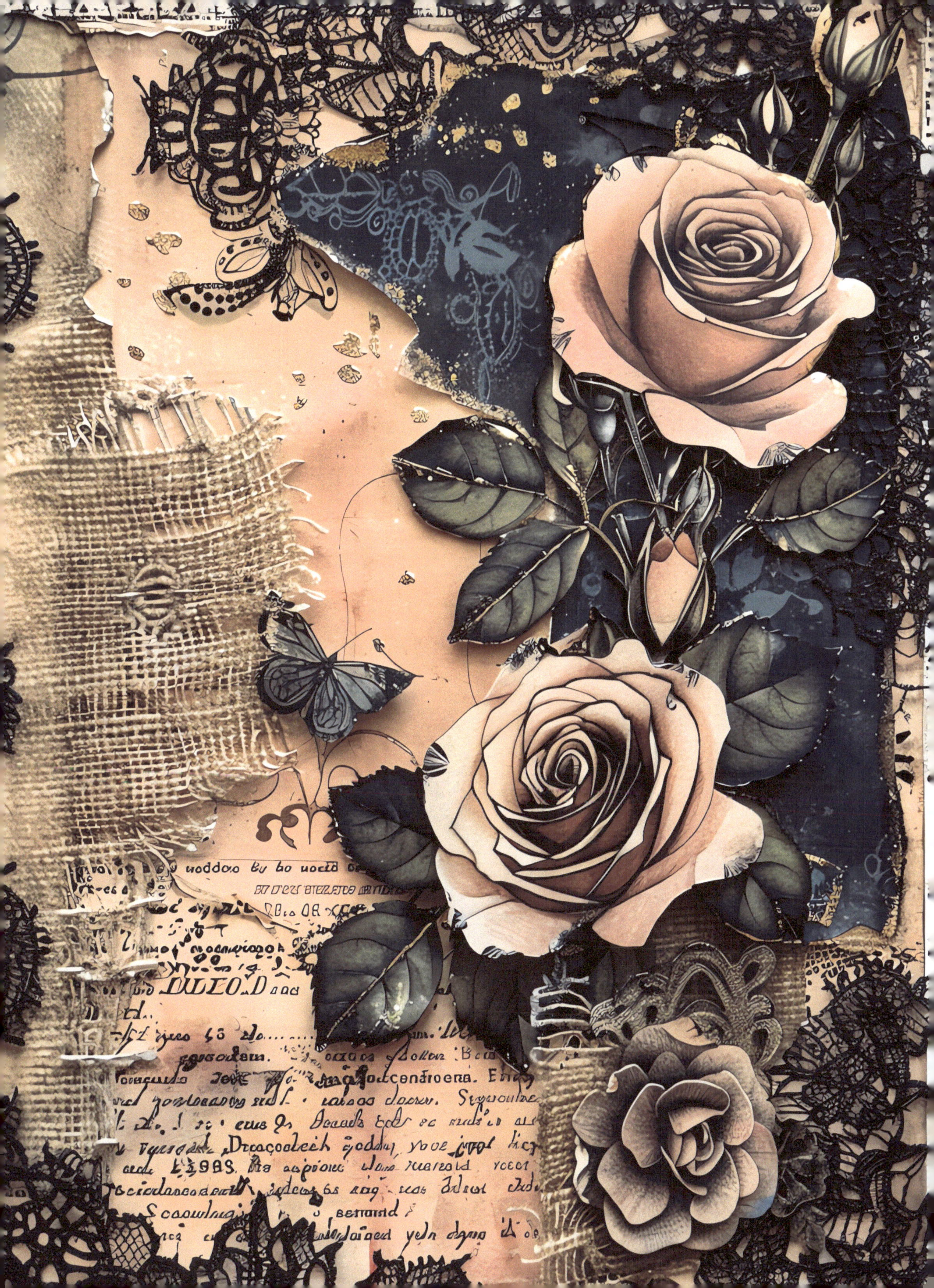

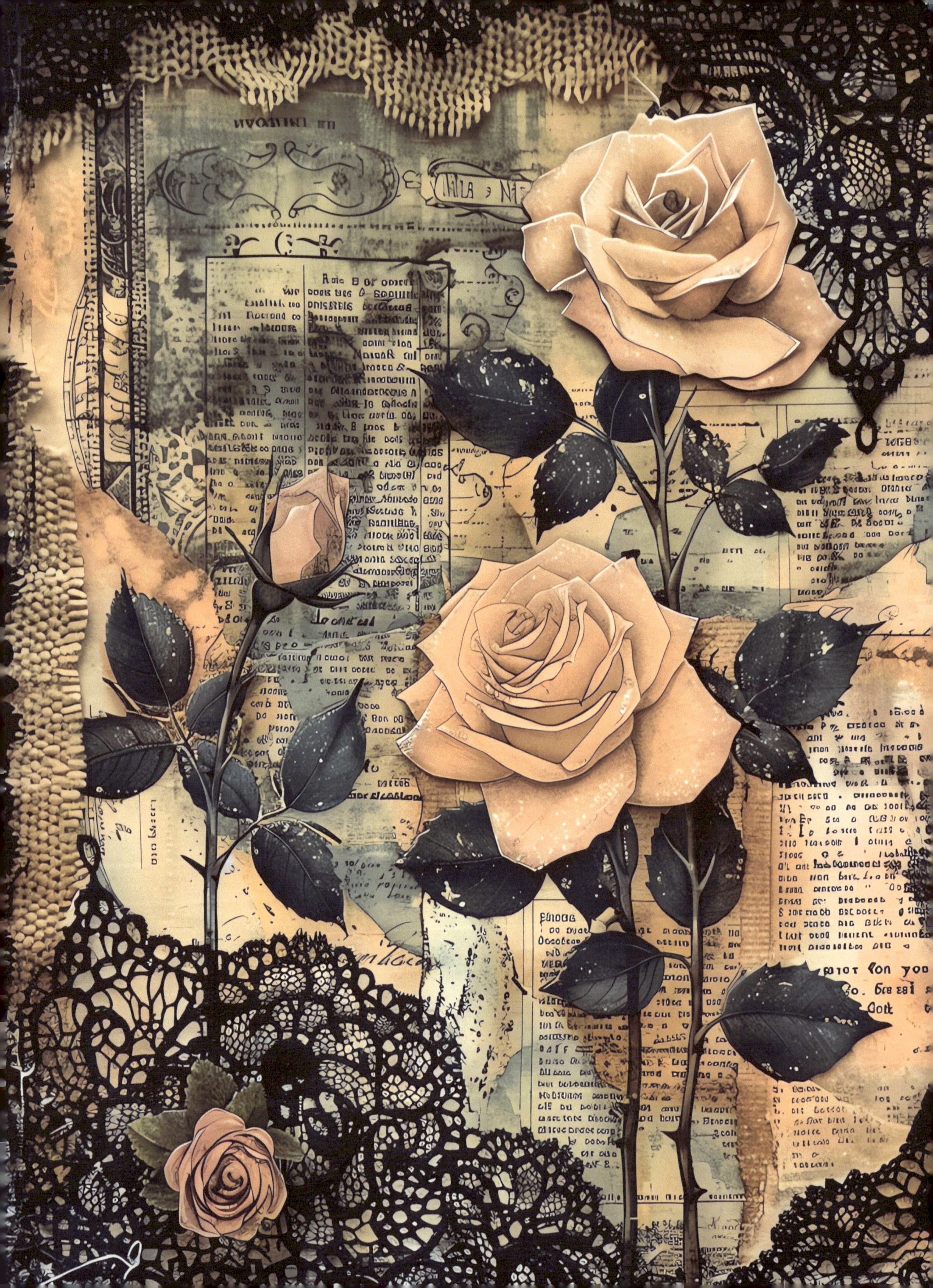

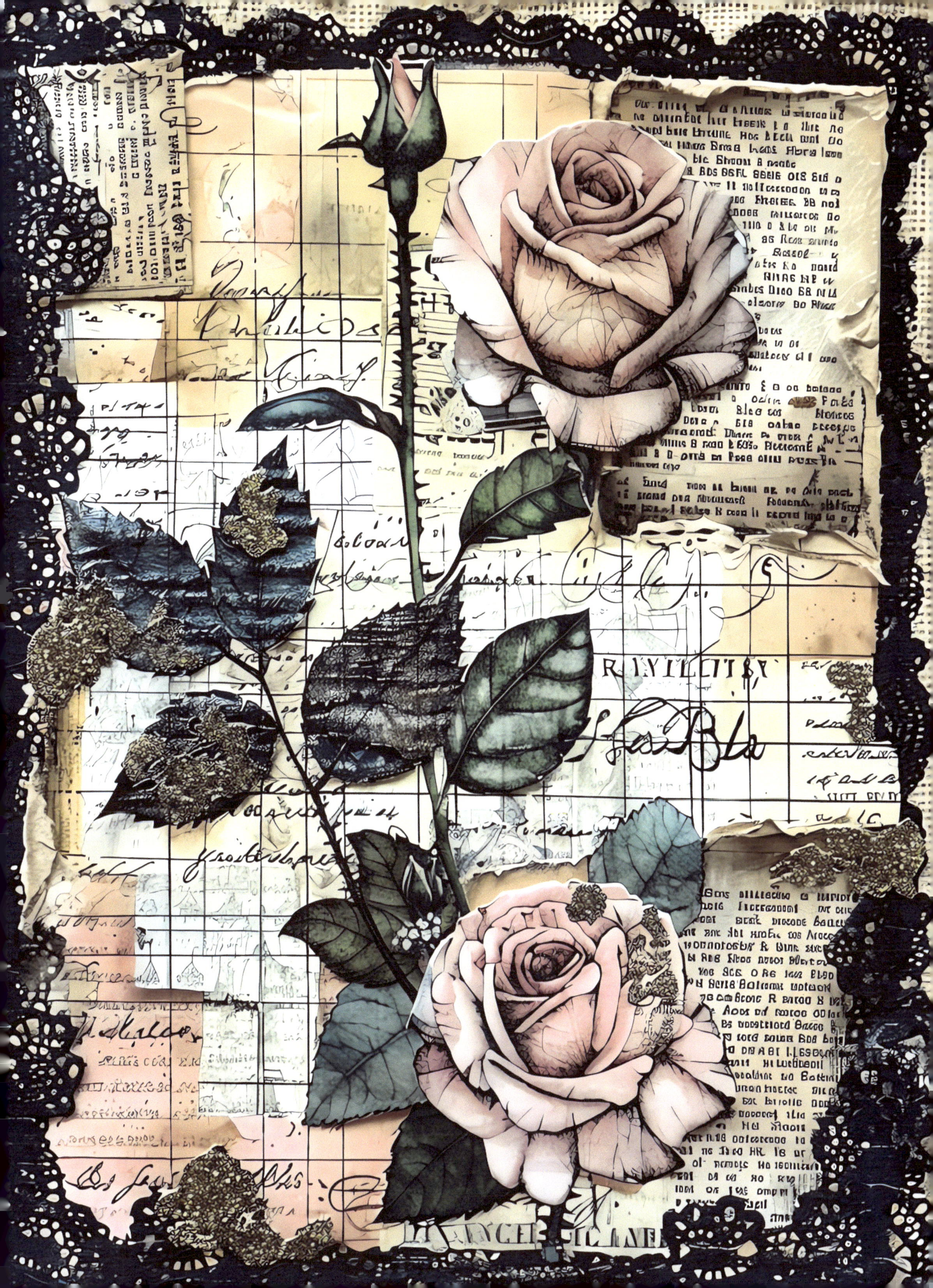

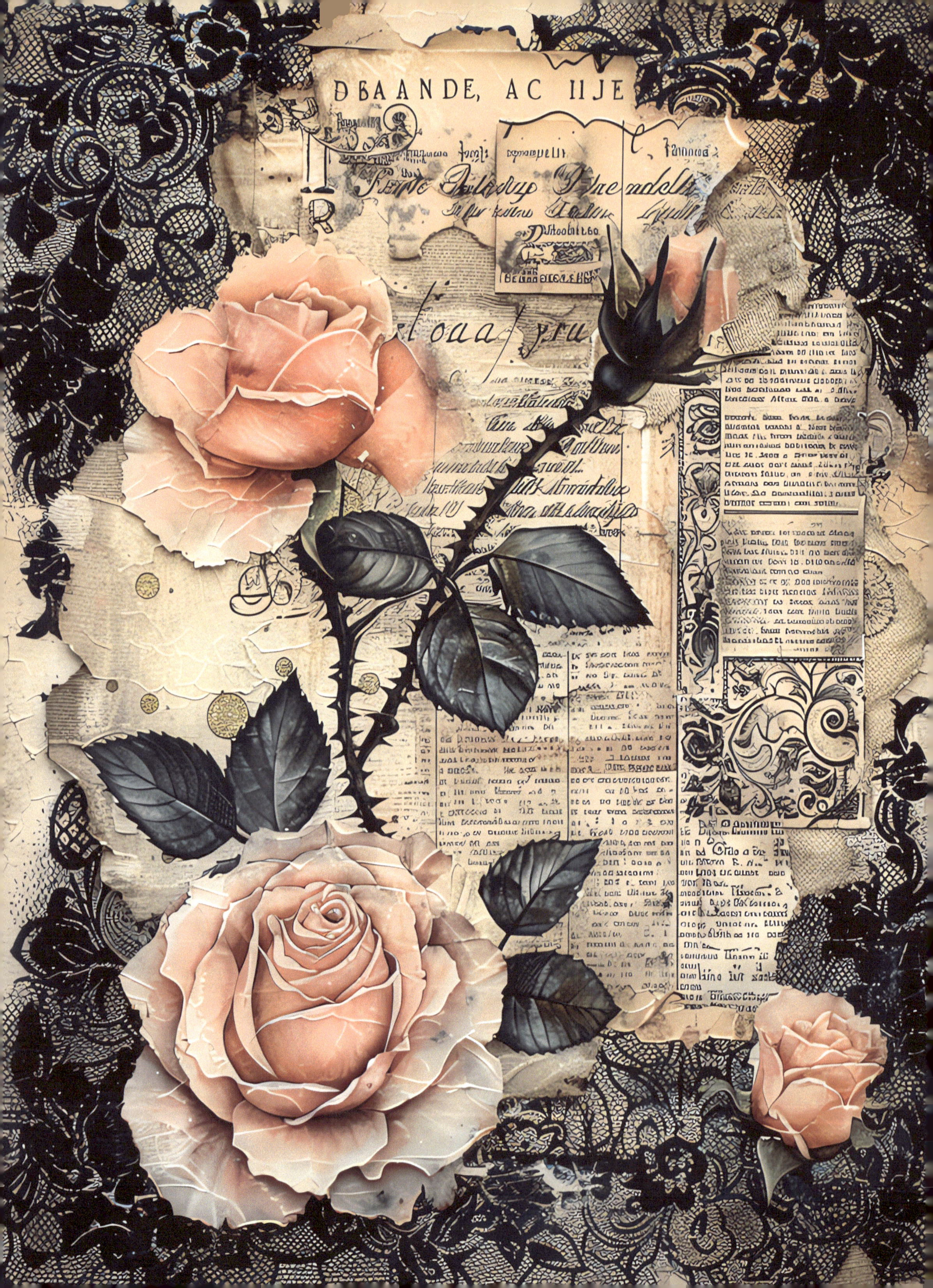
DBAANDE, AC IIJE

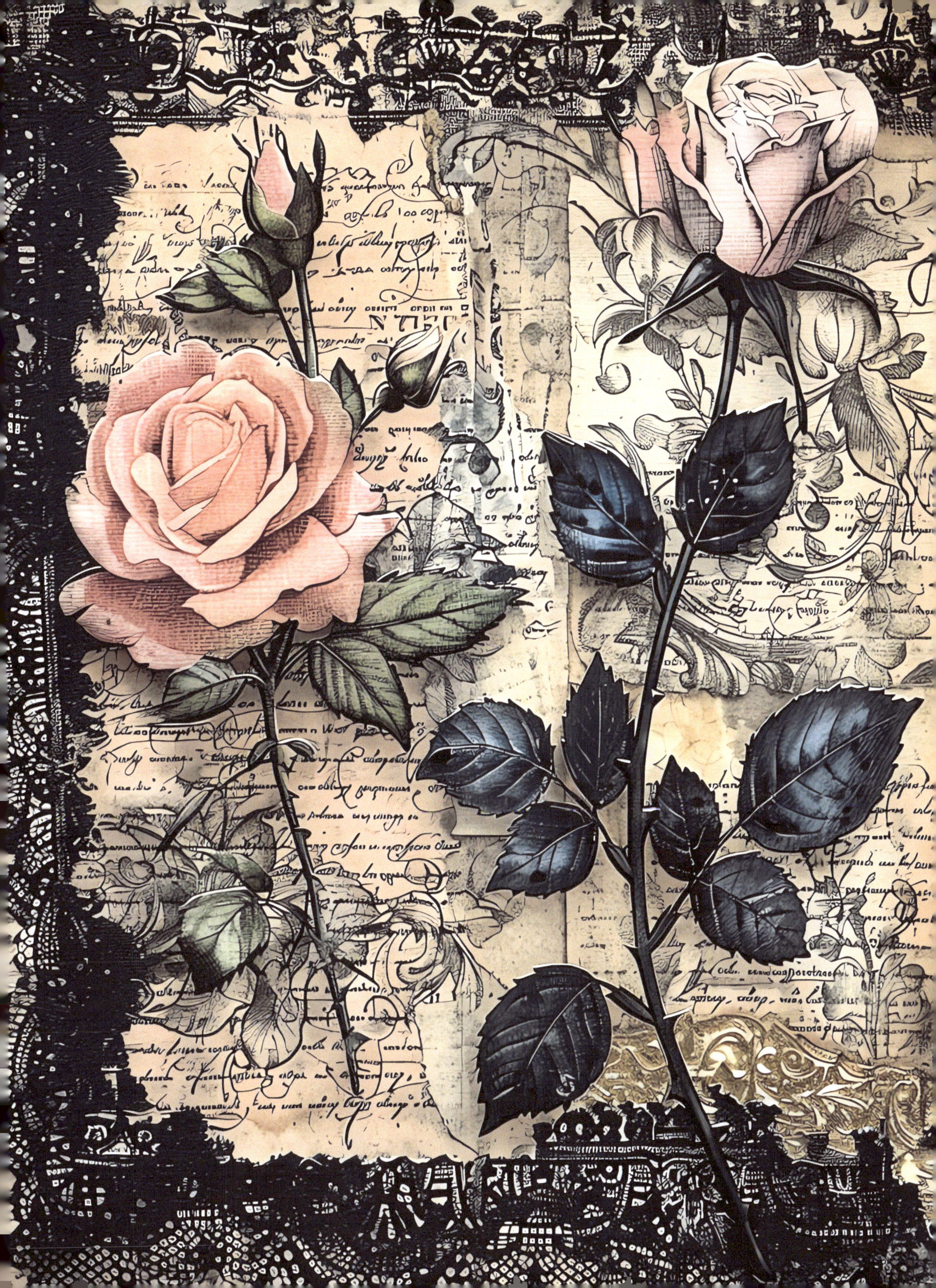

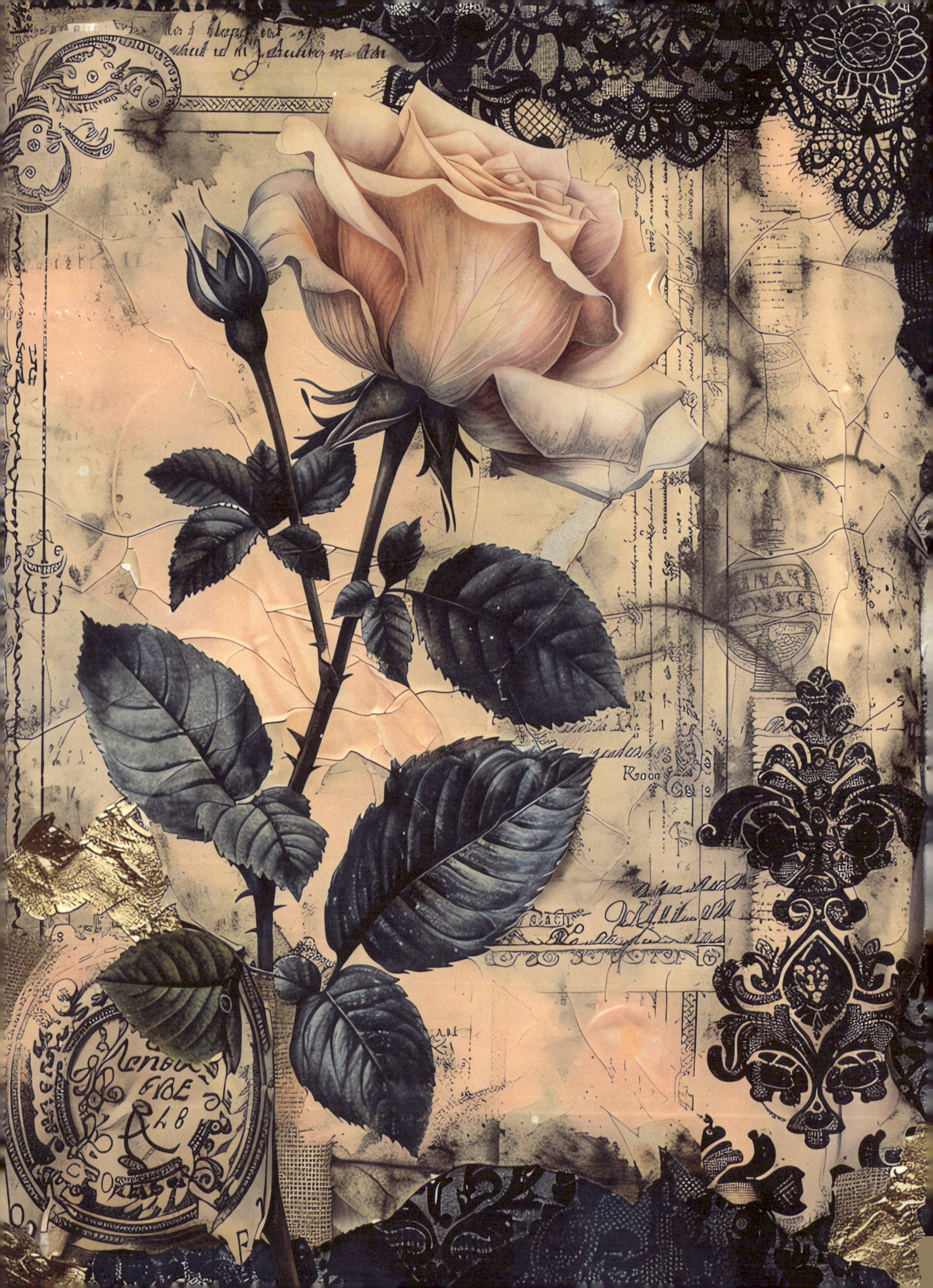

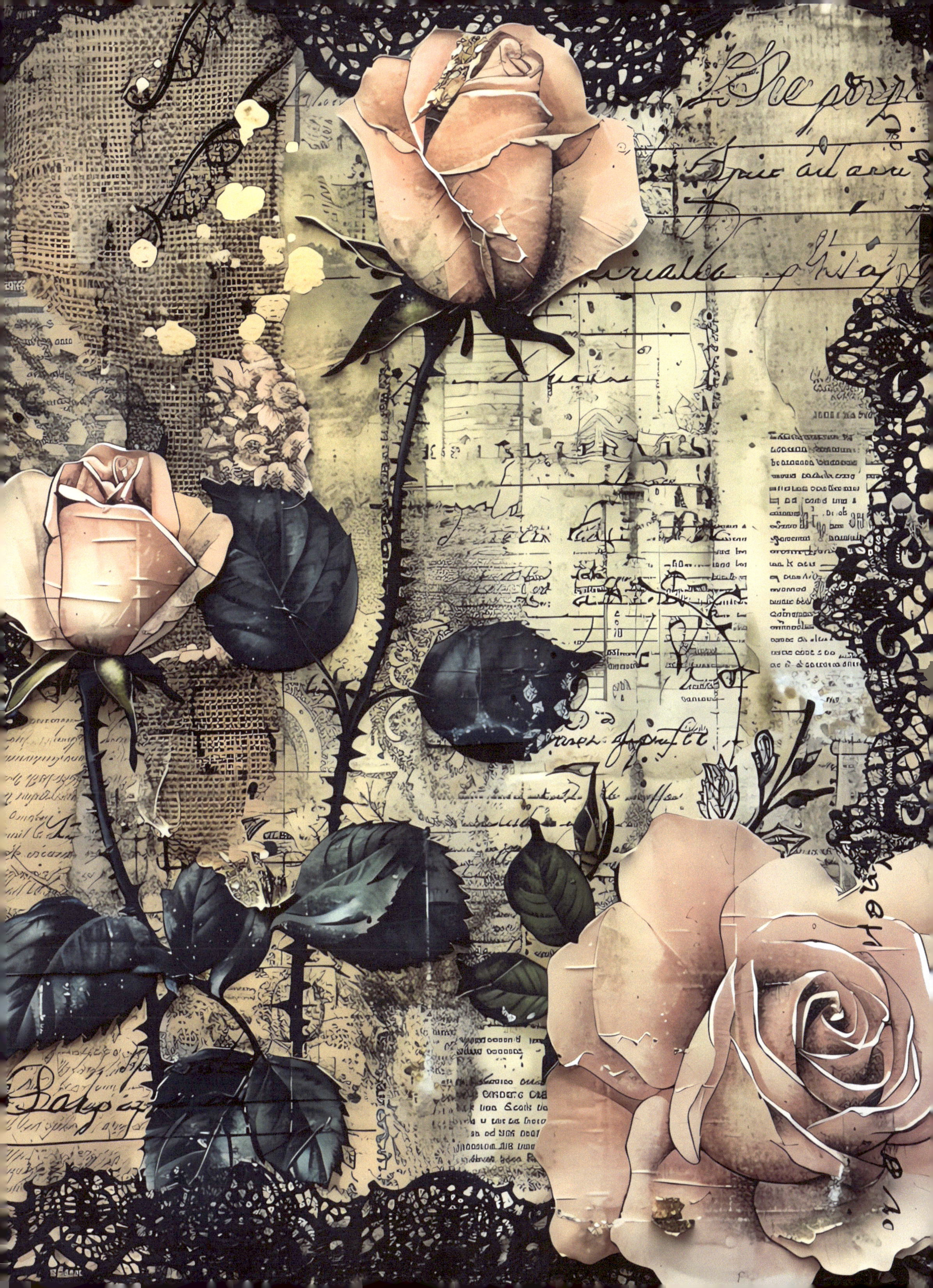

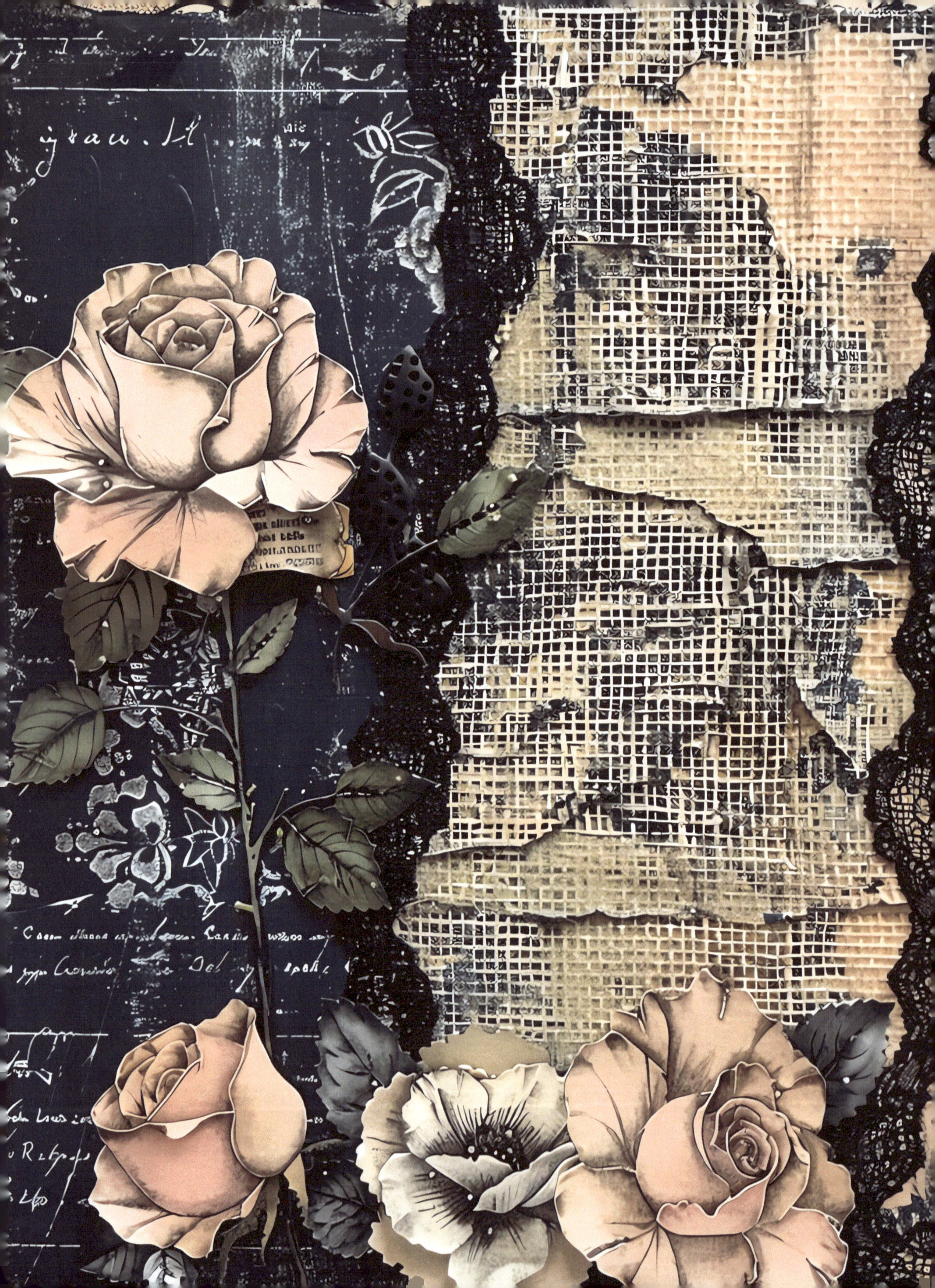

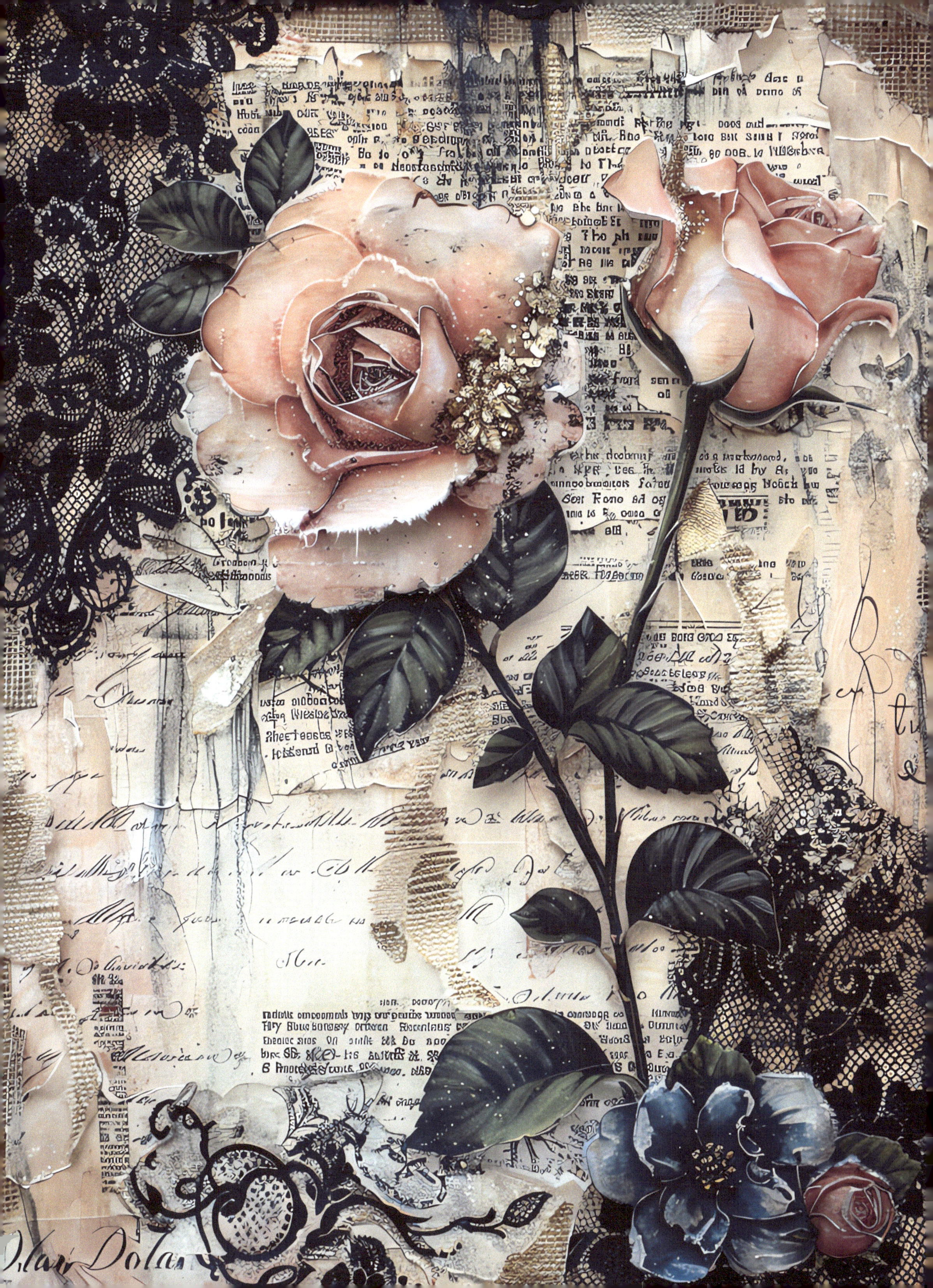

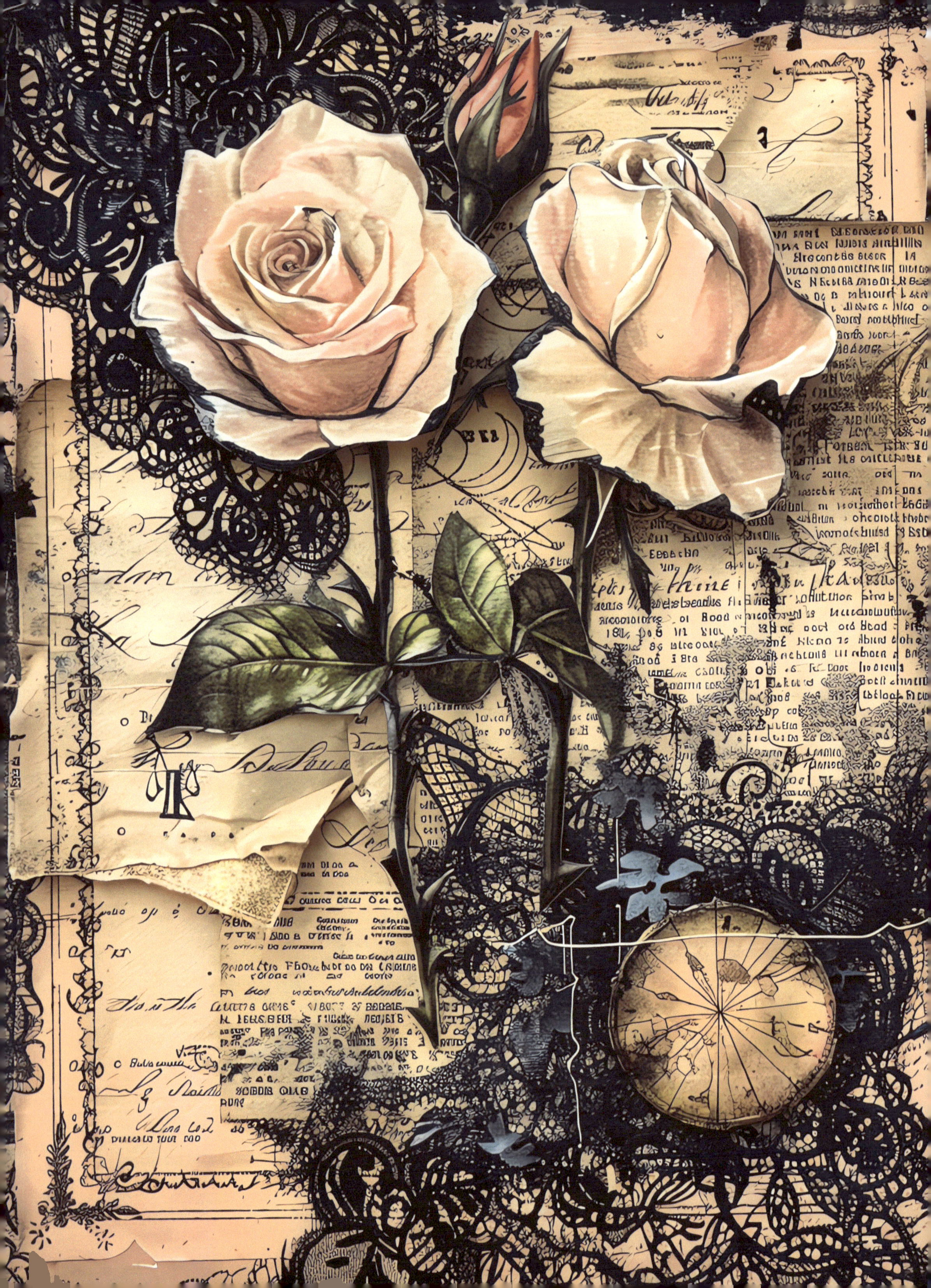

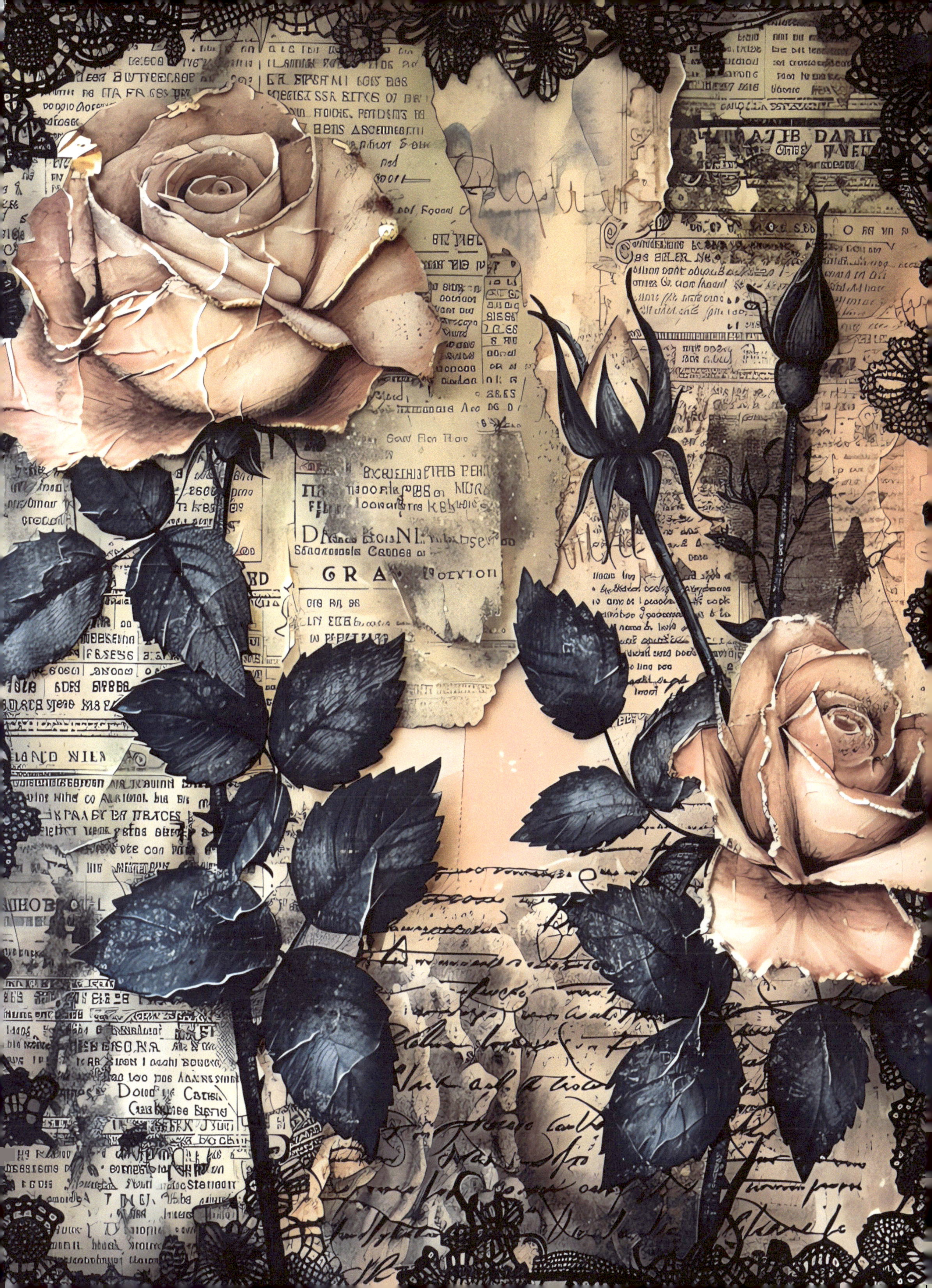

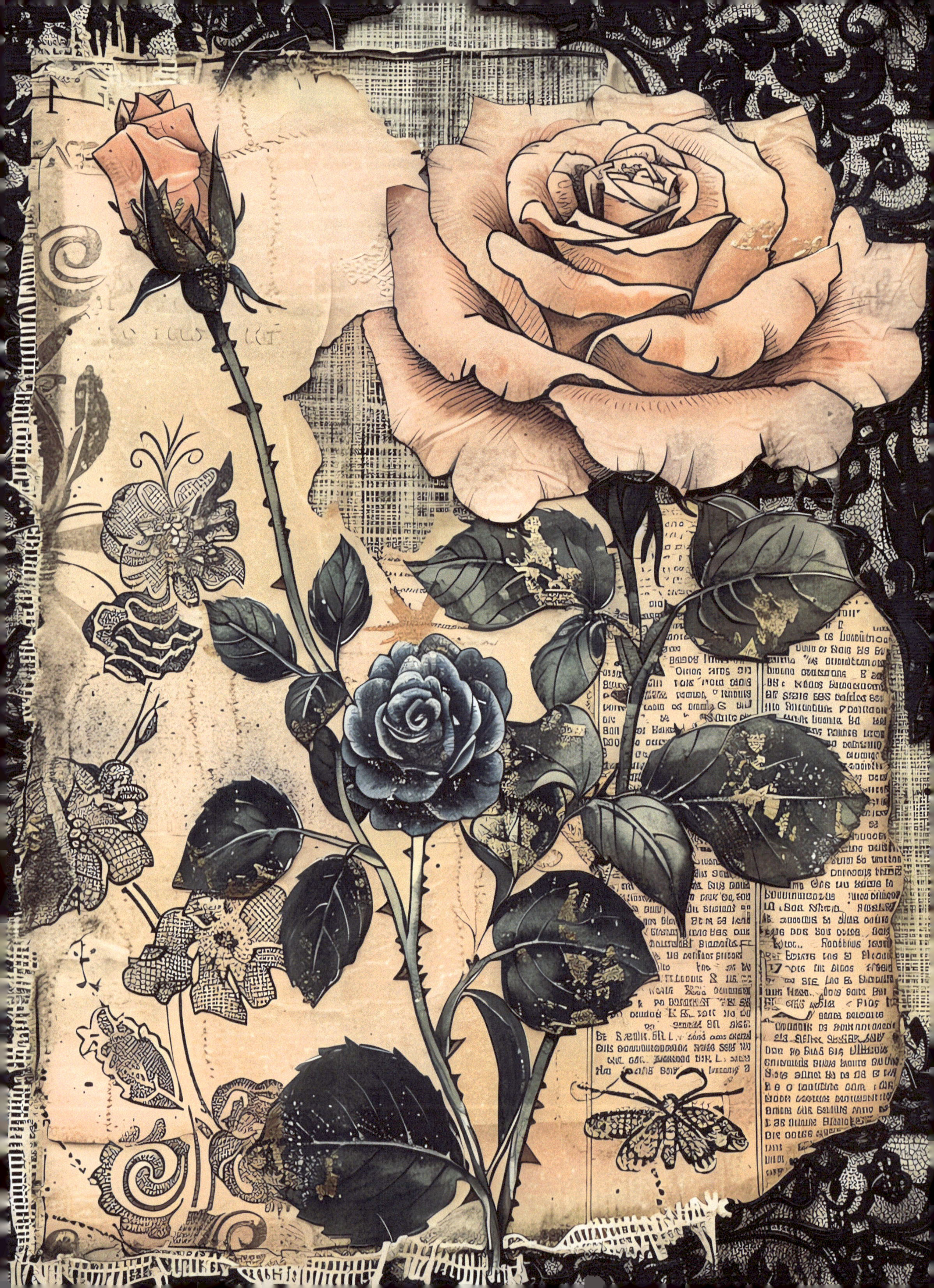

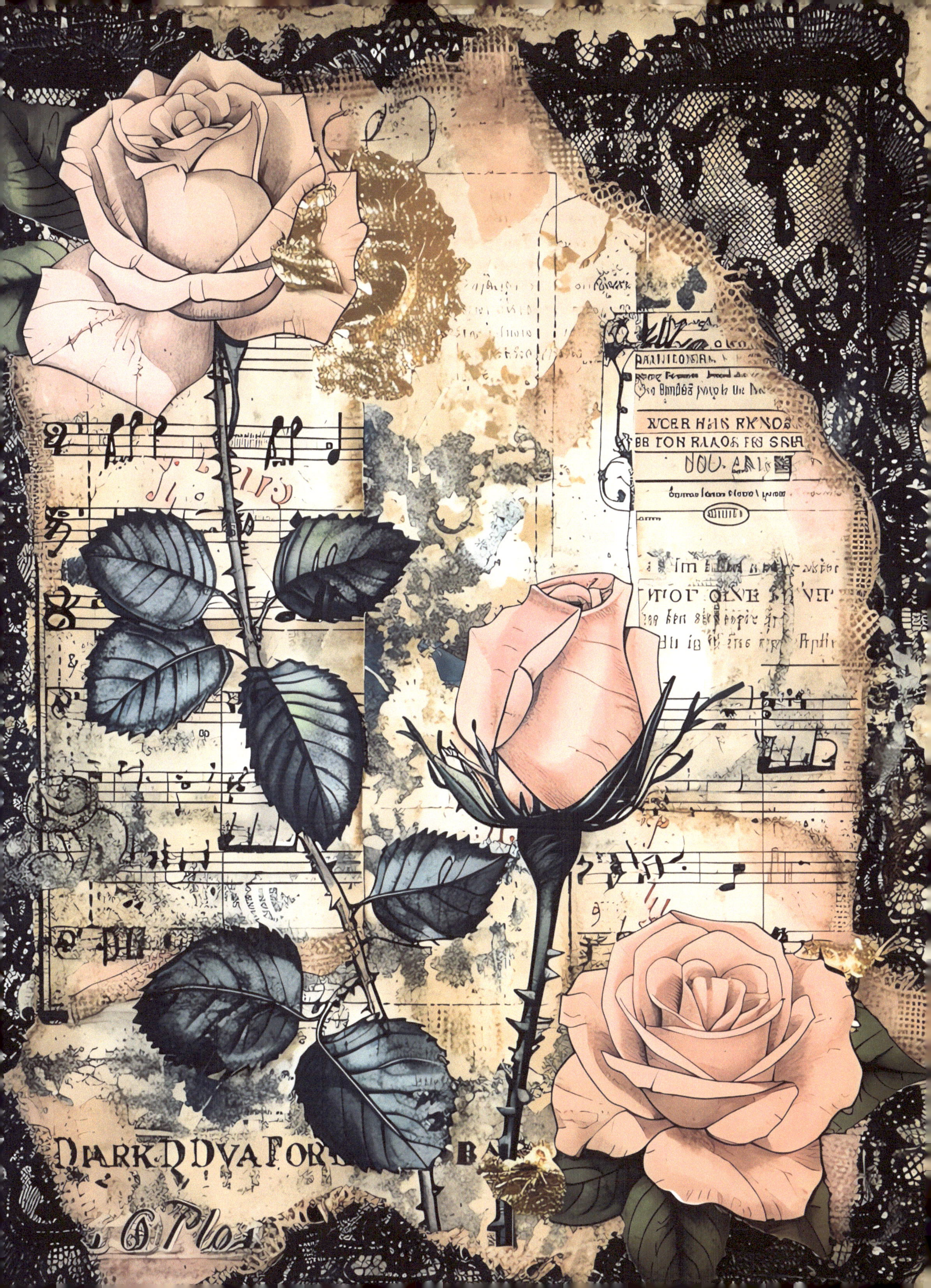

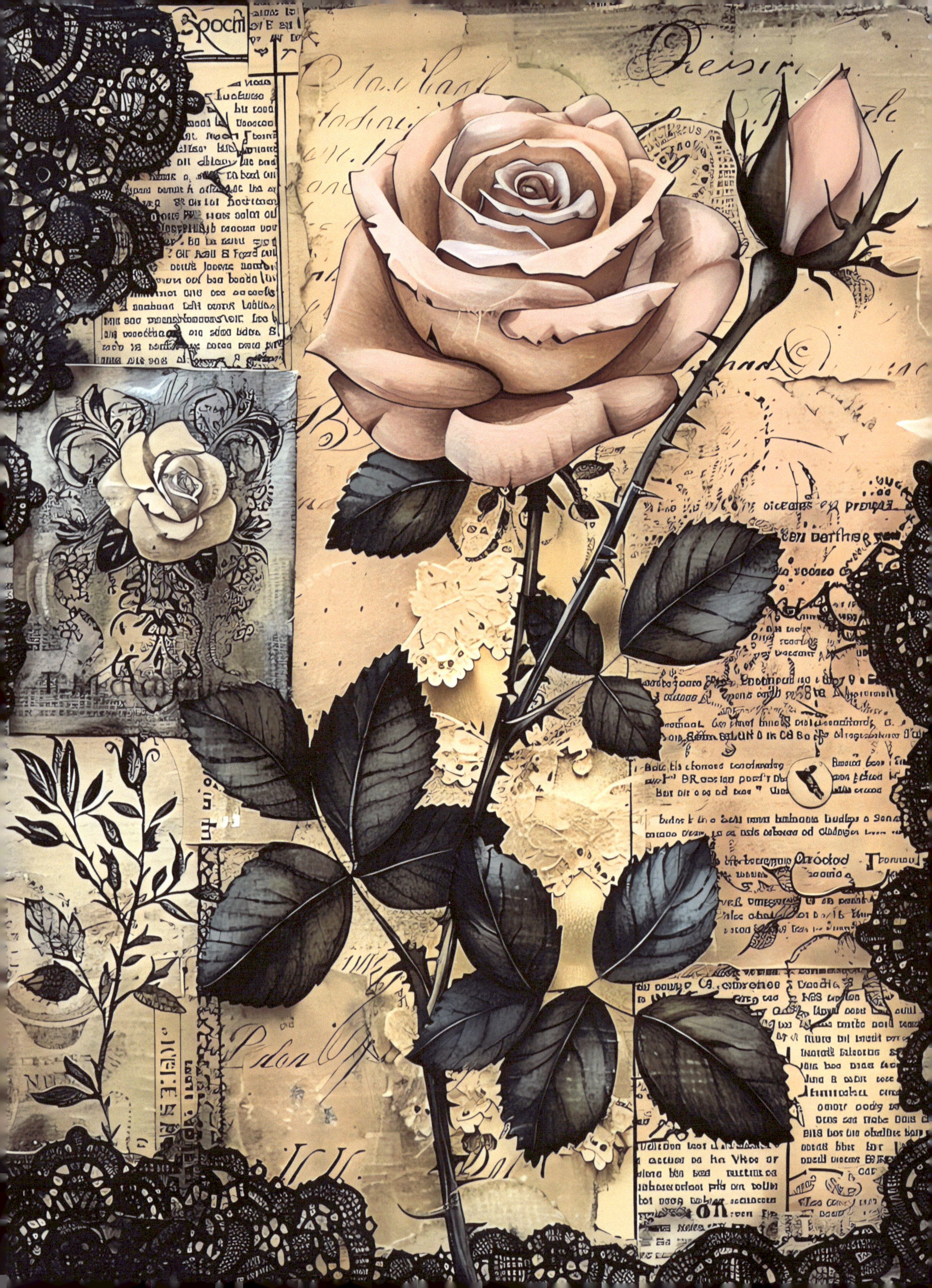

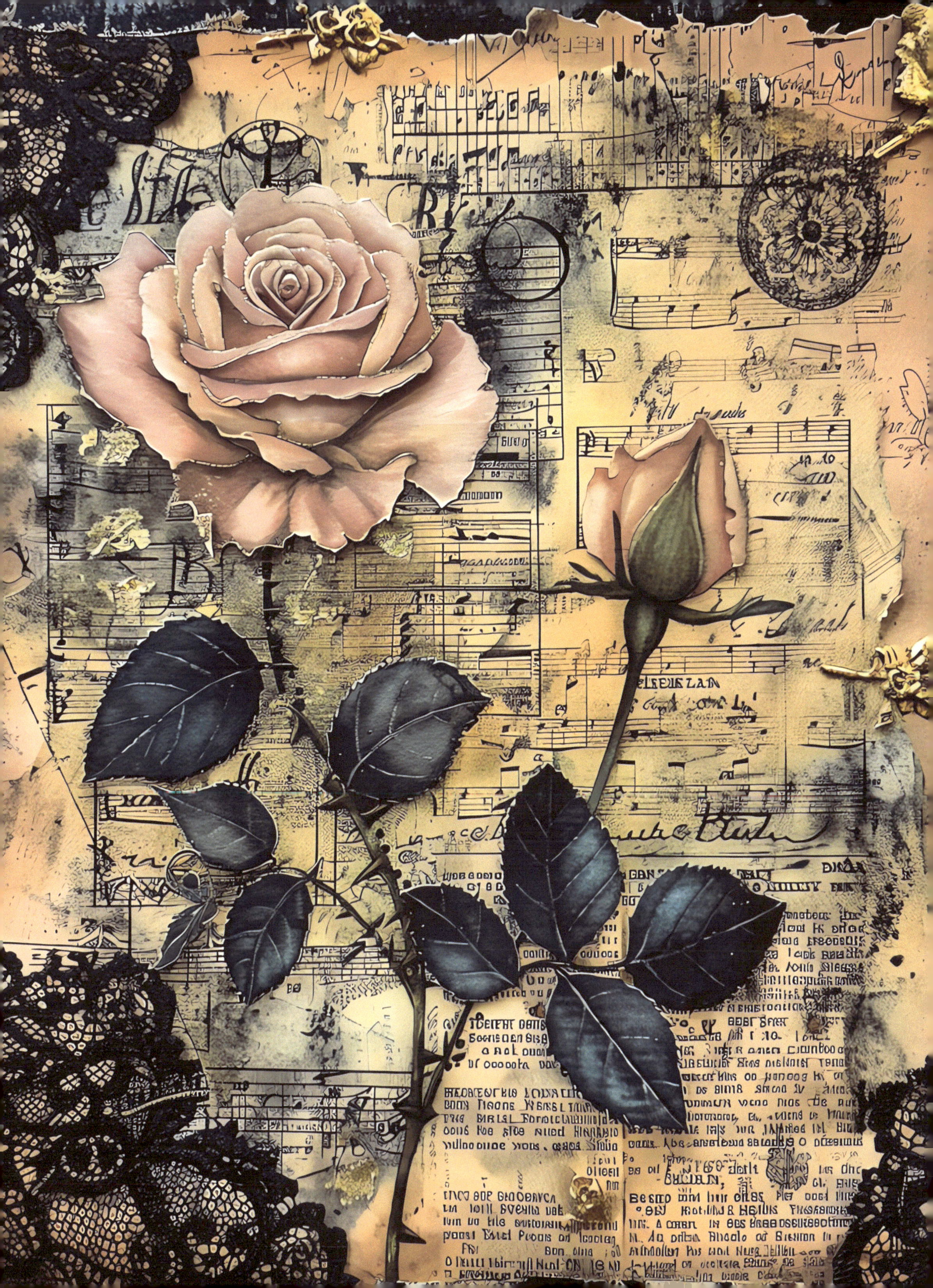

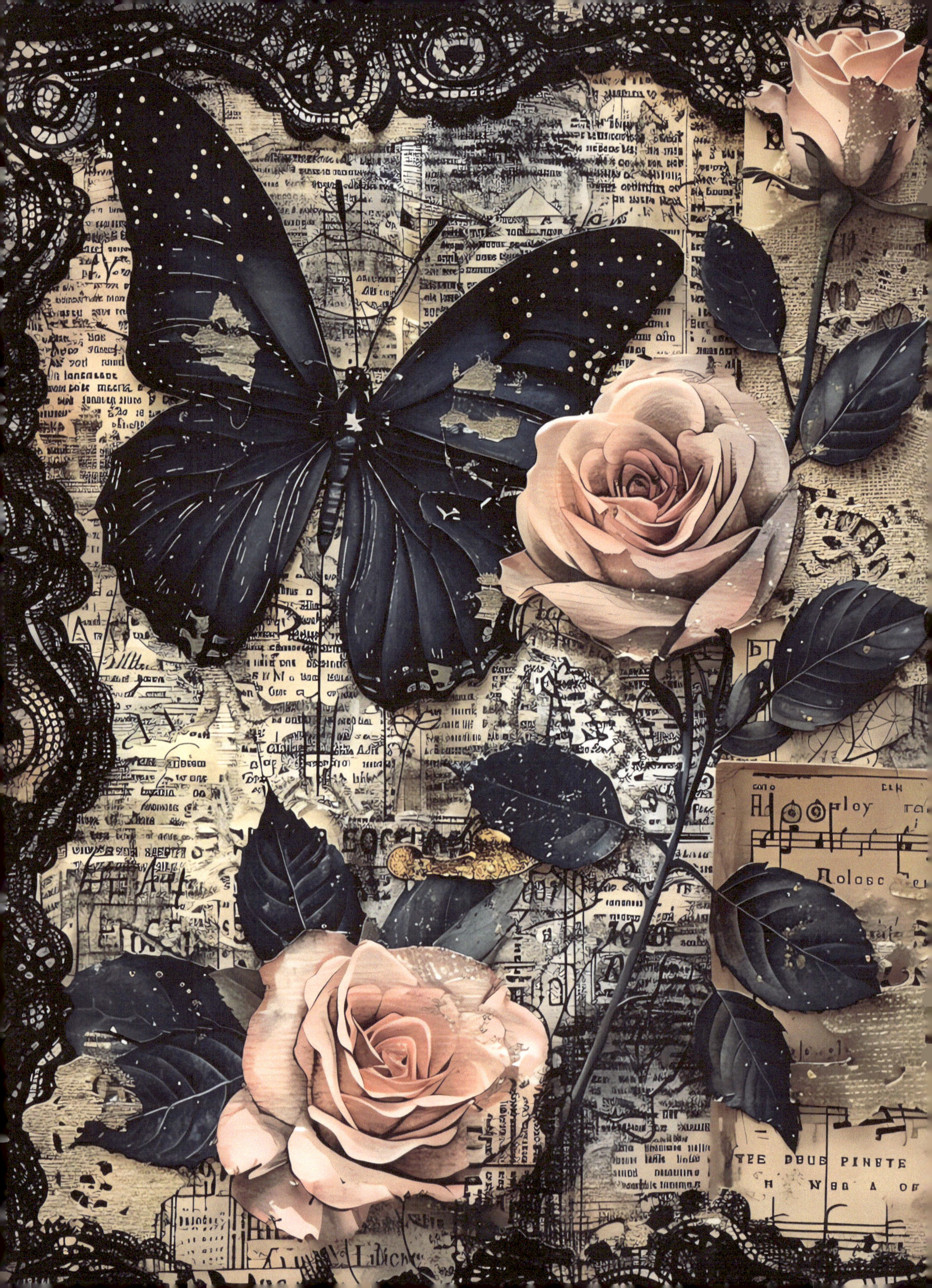

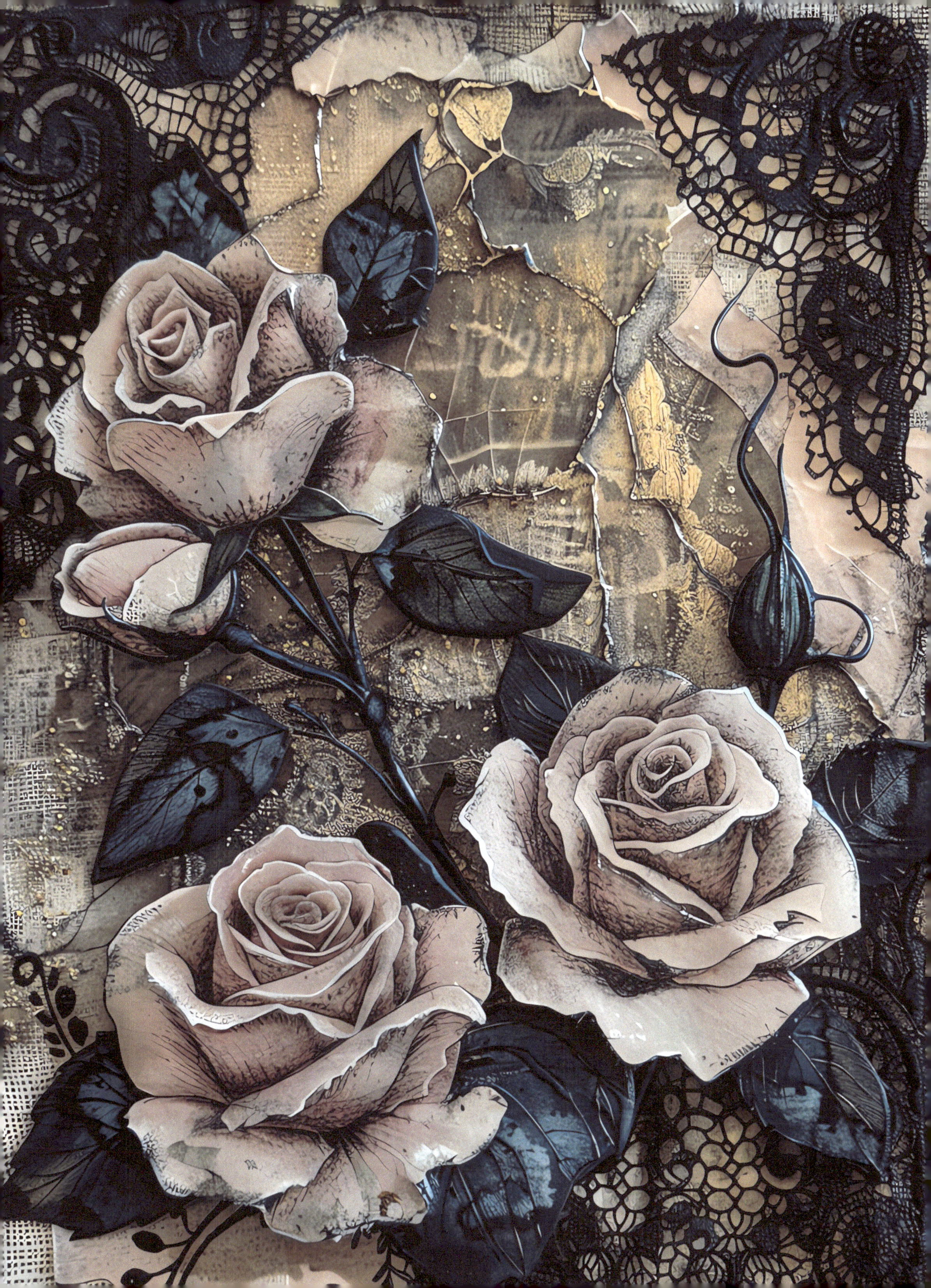

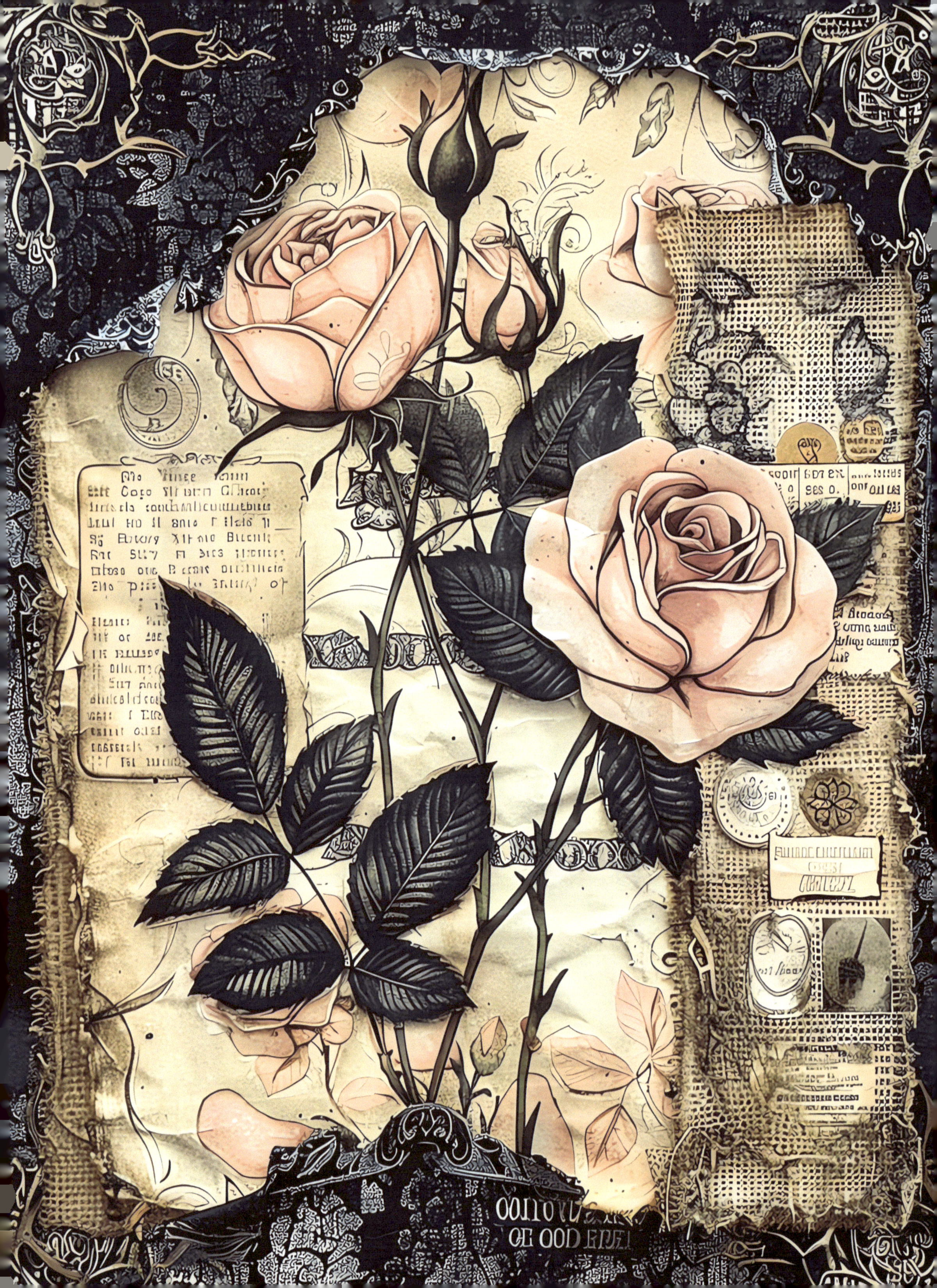

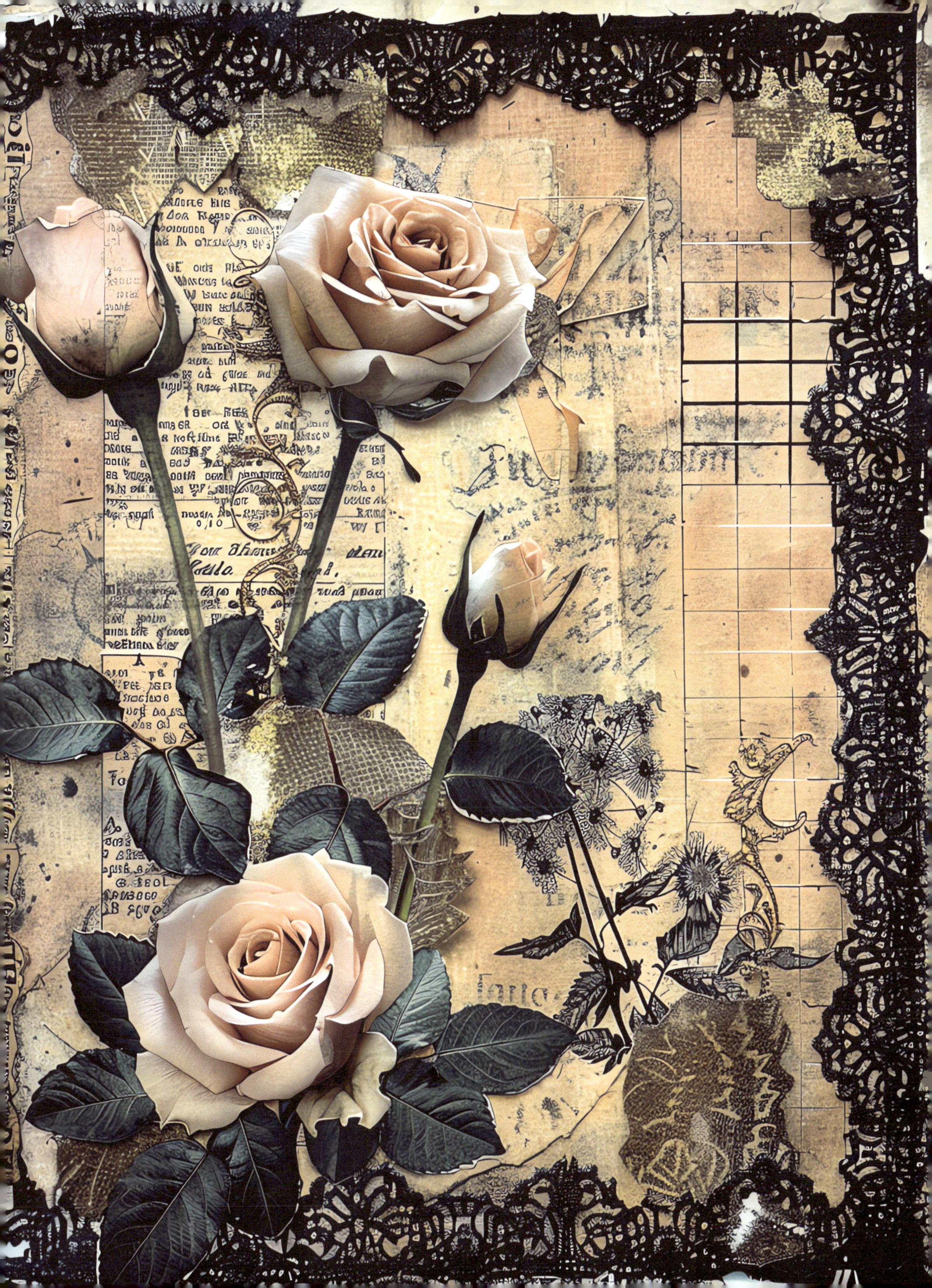

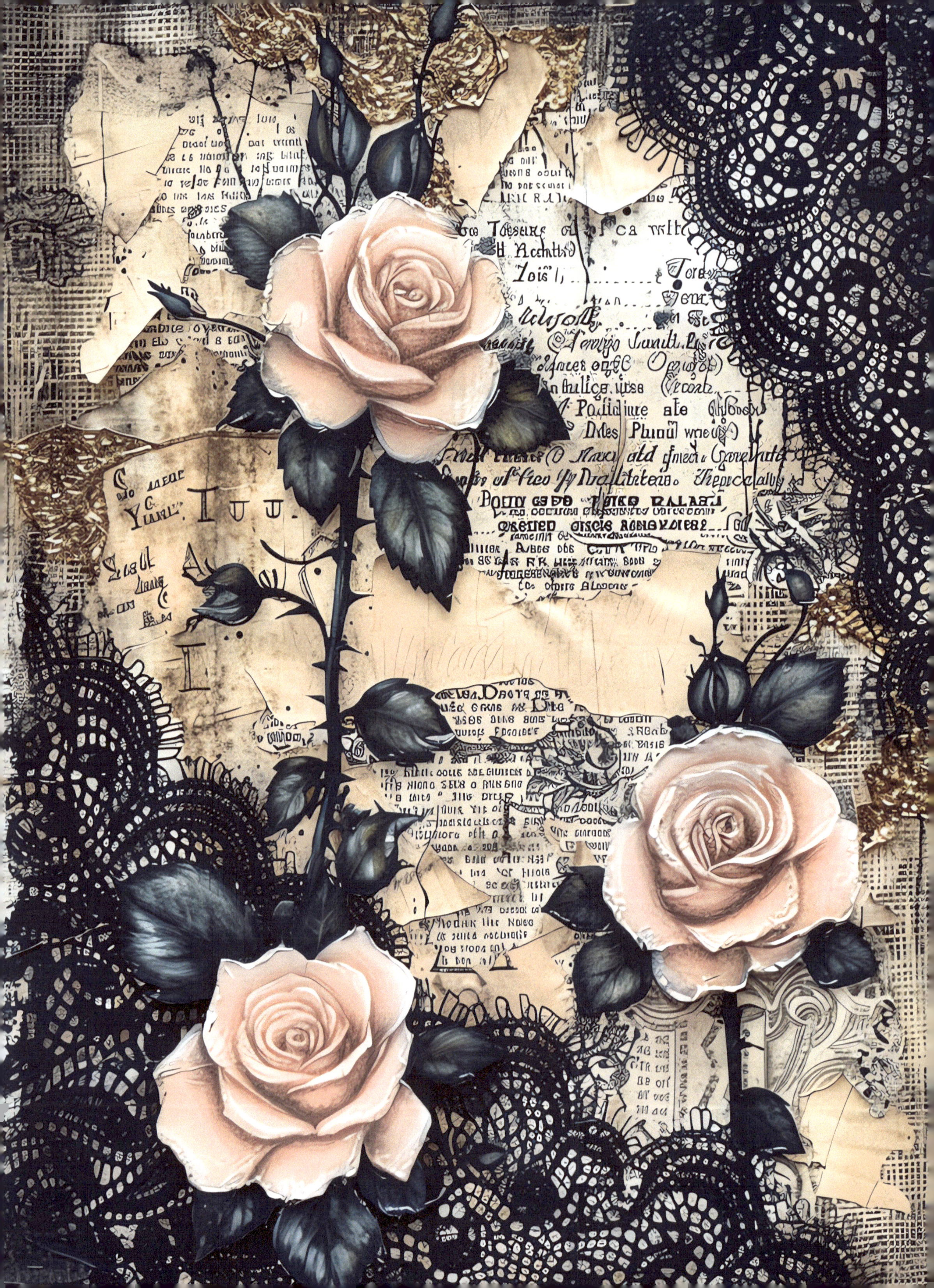

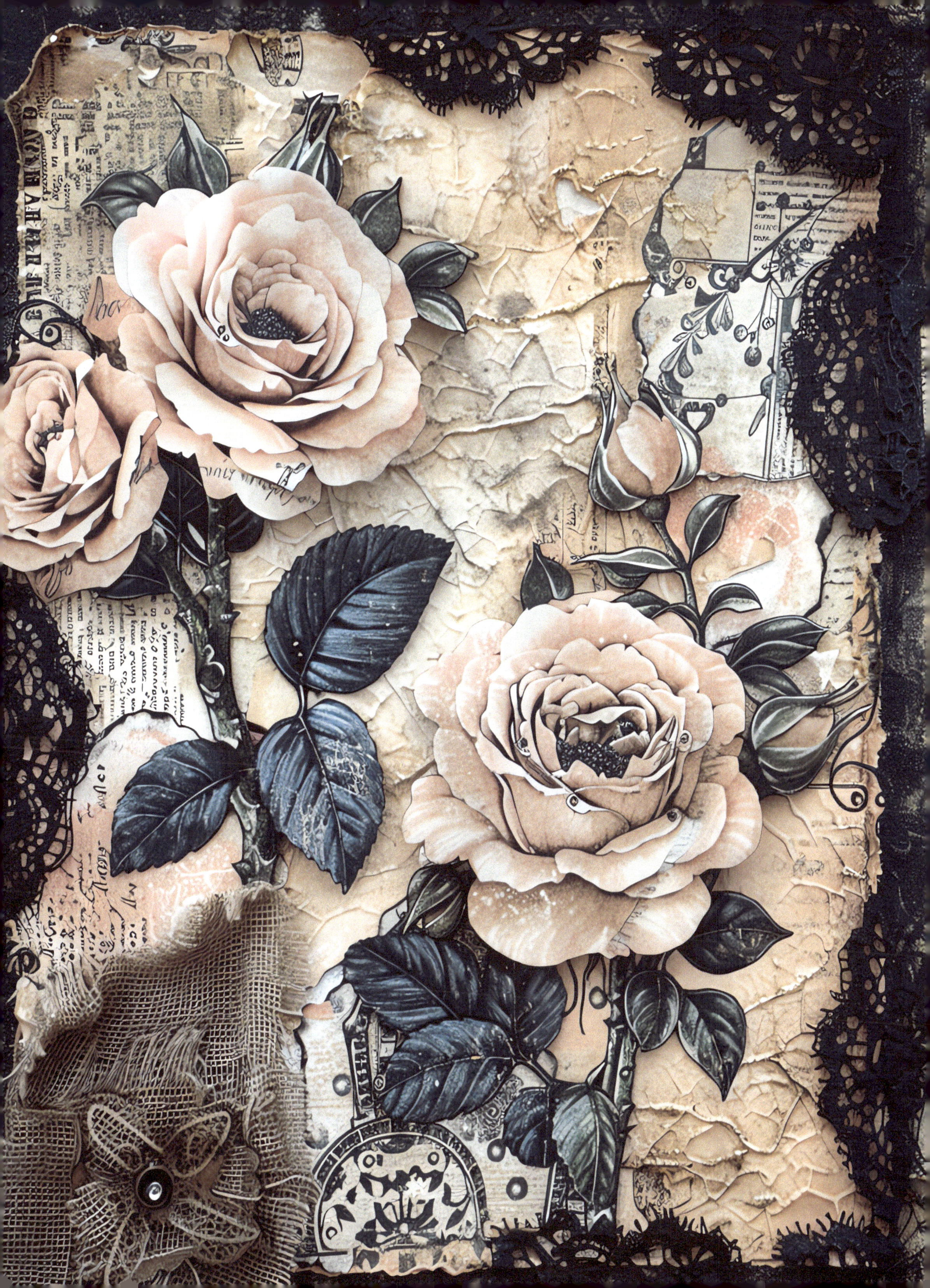

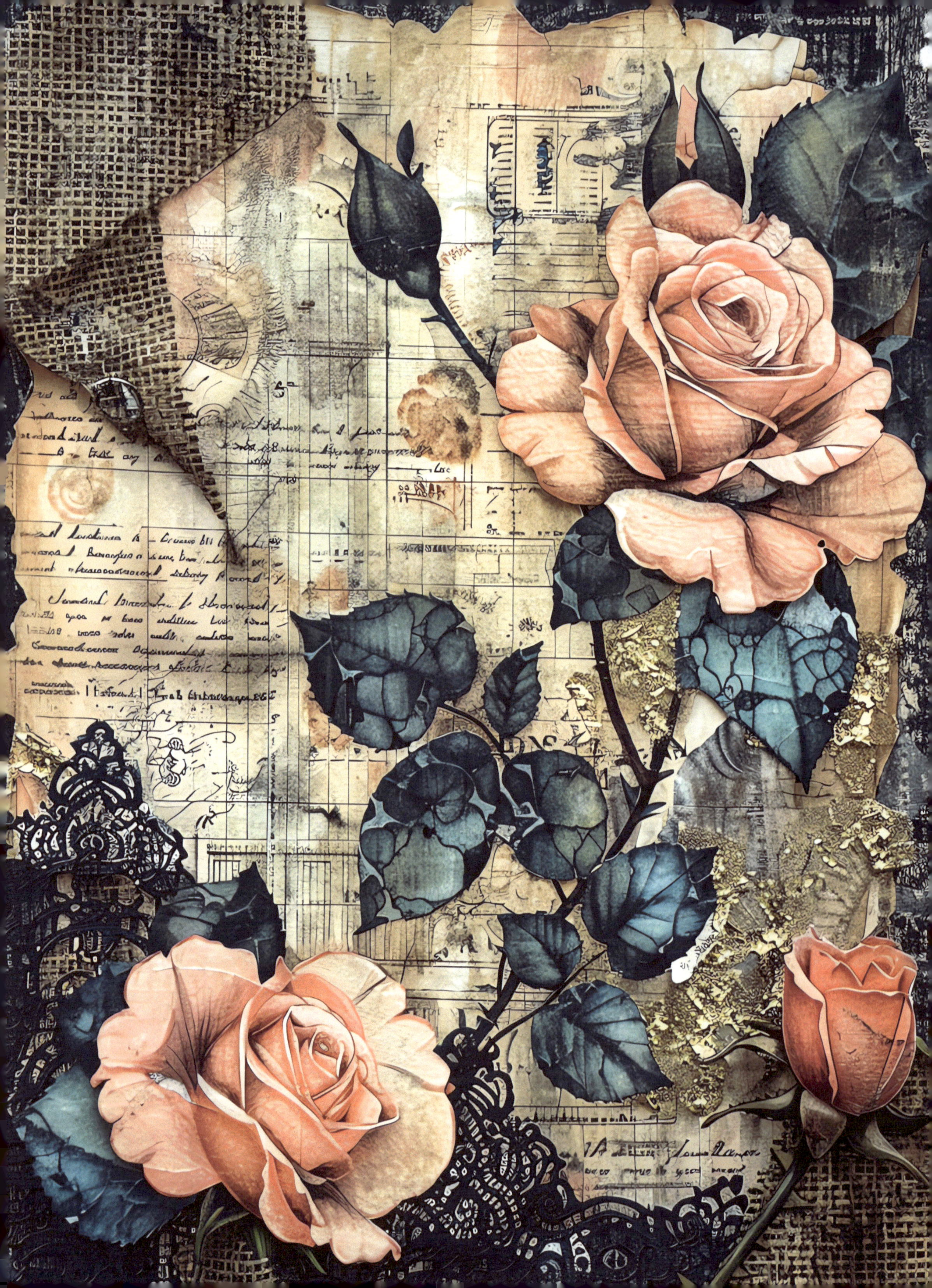

www.ingramcontent.com/pod-product-compliance
Lightning Source LLC
Chambersburg PA
CBHW040441220526
45473CB00004B/1496
9798301229046